Kirchen-Ent-Täuschungen

Paul M. Zulehner

Kirchen-Ent-Täuschungen

Ein Plädoyer für
Freiheit, Solidarität
und einen offenen Himmel

K&S

ISBN 3-218-0618-X

Schutzumschlaggestaltung: Kurt Rendl
unter Verwendung einer Abbildung des Erzengels Michael aus „Piero della Francesca, La Leggenda della Vera Croce“ des Istituto Geografico de Agostini, Novara
Satz: Zehetner Ges. m. b. H., A-2105 Oberrohrbach
Druck und Bindung: Wiener Verlag, Himberg bei Wien

Gedruckt auf chlorfrei gebleichtem Papier

Inhalt

Präludium

Frühsommer 1989. Vor der Wende. Ort: Kreml, Maria-Himmelfahrts-Kathedrale. Zu dieser Zeit vielbesuchtes Museum. Ich bin mit 30 Studierenden der katholisch-theologischen Fakultät in Wien zu einer Exkursion aufgebrochen, um die Lage der Kirche in der Sowjetunion auszukundschaften. Unsere von den kommunistischen Behörden zugeteilte Führerin heißt Natascha. Sie erklärt uns die Maria-Himmelfahrts-Kathedrale, eine der schönsten Kirchen der Christenheit, gelegen inmitten des Zentrums der Macht eines Staates, der angetreten war, die Erinnerung an Gott auszulöschen oder zumindest verblassen zu lassen. Natascha im O-Ton: „Das ist eine Kirche. Das ist ein Vorhof zum Himmel. Und die Leute reden da mit Gott." Kirche als Ort, wo der Himmel offen ist und ein wortloser Dialog anhebt, hinein ins Unsagbare, das Christen Gott nennen. Kirchenbild einer atheismustrainierten Sowjetfrau. Unseren jungen Studierenden war nach einer angemessenen Aktion zumute. Sie stimmten, ohne lange zu fragen, das Jubilate der Brüder von Taizé an. Die murmelnden Massen verstummten. Ernstfall von Kirche: Vorhof des Himmels unter uns, mit Gott reden, jubilate.

Welch ein Kontrast, wenn man heute bei uns „Kirche“ sagen hört. Wie lange noch wird uns der Blick verstellt bleiben? Kann ein Buch wenigstens die Perspektive, die Einstellung, die Optik, den Ort, von dem aus auf die Kirche geschaut wird, ändern?

Paul M. Zulehner

Ent-Täuschungen

1

Viele sind heute von der Kirche, zumal der katholischen, bitter enttäuscht. Der Kirche öffentlicher Ruf ist schlecht, sie gilt als unduldsam, autoritär, freiheitsskeptisch; als frauenfeindlich und sexuell verklemmt; als heillos veraltet. Die Menschen wenden sich von ihr ab. Die erste Stufe der Verabschiedung: gnadenlose Kritik und herber Spott. Die zweite: „Nicht einmal ignorieren“ (Helmut Qualtinger). Die dritte: Austritt.

Aber was dann? Viele sagen: Der Abschied betraf allein die Kirche. Nicht den Glauben, nicht Gott, nicht die Religion. Man ist privat religiös. Noch mehr: Der Abschied sagt auch nicht, daß da nicht noch eine eigenartige Verbindung zur Kirche bleibt. Sollte es also heute viele „treue Kirchenferne“ (Bischof Johann Weber) geben? Sie wollen nicht mehr dazugehören, und doch vermissen sie etwas. Da ist nicht nur das schale Gefühl, die Mutter oder Großmutter habe doch versucht, einem den Glauben mitzugeben, so daß der Bruch mit der Kirche auch manchmal den schmerzlichen Bruch mit dem elterlichen bzw. großmütterlichen Erbe aufzeigt. In einzelnen Geschichten läuft es sogar noch einmal andersherum. Der Abschied von der Mutter vollzieht sich symbolisch im Abschied von der „Mutter Kirche". Der Abschied vom Vater in der Form des Abschieds vom „Heiligen Vater". Offenbar gilt auch hinsichtlich des „Verhältnisses" zur Kirche: Wer nicht Vater und Mutter verläßt, kann in keine erwachsene Beziehung zu ihr eintreten (Gen 2,24). Doch bleibt bei allem äußeren Abschied eine eigenartige innere Verbindung, ja Treue, die sich manchmal verschämt hinter um so heftigerer Kritik an der Kirche versteckt.

Daß an solchen Vermutungen etwas Wahres sein muß, zeigt, daß heute nicht wenige sich alsbald, nach lautstarkem Abschied beim Standesbeamten, heimlich bei einem Priester des persönlichen Vertrauens wieder zurückmelden und gar nicht wenige wieder in die Kirchengemeinschaft eintreten. In Deutschland waren es 1994 in den beiden Großkirchen immerhin 96 000. In Österreich treten zur Zeit drei- bis fünftausend pro Jahr ein.

Es ist ein neuartiges Hin und Her. Die Menschen sind eben auch in religiöser Hinsicht mobil geworden. Eigenartig, daß solche Mobilität gerade jene Gemeinschaft betrifft, von der man sich das höchste Maß an Stabilität wünscht, die religiöse nämlich. So gehen viele Menschen mit den Kirchen ähnlich um wie mit dem bergenden

Lebensraum der Familie: Obwohl wir ihn als Lebensort, „geprägt von Stabilität und Liebe“ (Brigitte und Peter L. Berger) für so wichtig und unentbehrlich halten, haben wir ihm das Merkmal der Geborgenheit weithin genommen. Und leiden darunter.

Es gibt also Enttäuschungen, die zur inneren oder formellen Kündigung der Kirchenmitgliedschaft führen. Die Enttäuschungen können aber zugleich einen ganz anderen Grundzug tragen. Wenn das „Traumbild“ eines Menschen zerbricht, ist man von ihr, von ihm „bitter“ enttäuscht. Könnte es aber nicht sein, daß dabei nur ein Kunstbild zerbricht, wodurch erstmals die wahre, verletzliche und vergebungsbedürftige, und gerade so im Grunde liebenswerte Wirklichkeit des anderen sichtbar wird? Für dauerhafte Liebe ist dieser Vorgang unerläßlich. Dann heißt aber „Enttäuschung“ nicht mehr, daß der andere mich enttäuscht, sondern daß mich mein Bild vom anderen getäuscht hat. Ent-Täuschung wäre dann geradezu Behebung dieser Täuschung und damit erstmaliger Wirklichkeitsgewinn. Gewiß geschieht solche Ent-Täuschung nicht immer zum Vorteil des anderen, also auch nicht der Kirche. Das wahre Gesicht wird sichtbar. Dieses wahre Gesicht ist aber immer auch gerechter. Schatten *und* Licht werden erkennbar, wenn die gleißende Traumgestalt platzt und der – „so leid es uns freut“ – immer durchmischten Realität Platz macht.

In Verbindung mit der katholischen Kirche hat es mit Sicherheit in den letzten Jahren Enttäuschungen beider Art gegeben. Auf der einen Seite haben Kirchen die Menschen enttäuscht: im Stich gelassen, berechtigte Erwartungen nicht erfüllt. Enttäuscht waren jene, die sich nach dem Konzil tiefgreifende Reformen der Kirche erhofft hatten, die weithin ausblieben. Enttäuscht sind Frauen, die sich auch in amtlichen Diensten in der katholischen Kirche engagieren wollen und nicht zugelassen werden. Enttäuscht sind Geschiedene, wenn und weil ihnen manchmal das Gefühl gegeben wird – nicht im kirchlichen Nahbereich, aber auf hochoffizieller Ebene –, daß sie doch nicht so richtig dazugehörten; enttäuscht sind Eltern, die auch hinsichtlich der Methoden verantworteter Elternschaft nicht ständig gegen die Weisung Roms leben möchten.

2

Aber hat es nicht auch die andere Art von Enttäuschung gegeben? Wünschen sich nicht manche eine Kirche, wie diese strenggenommen gar nicht sein kann, will sie nicht das aufgeben, wozu sie da ist? Eine Kirche in der Art: „Der Papa wird's schon richten, es g'hört zu seinen Pflichten, dazu ist er ja da?" Eine Kirche, die zu allem ja und amen sagt? Die Eisenbahnen, Banken, Seilbahnen, Panzer und Lebensstile aller Art unterschiedslos segnet, einfach weil es so gewünscht wird? Haben sich dann aber nicht die Menschen, die solches erwarten, in der Kirche gründlich getäuscht?

Wenn das der Fall ist, dann ist eine Zeit anderer Kirchen-Ent-Täuschungen angesagt. Nur so kann sichtbar werden, wofür die Kirche – wenn sie ist, wozu es sie gibt – steht: gelegen oder ungelegen (2 Tim 4,2) und nicht nur gelegentlich. Und das ist nicht selten eine andere Kirche, als jenes Bild uns zeigt, das wir in uns tragen und das die liberalen Medien (und nicht selten auch die kirchlichen Medien, links wie rechts) in den letzten Monaten lautstark beschworen haben.

Drei Merkmale der Kirche, die bei solcher Ent-Täuschungsarbeit sichtbar werden können, skizziert diese kleine Schrift. Es sind Merkmale, die ins Kleid von Optionen schlüpfen. Denn oft ist nicht leicht zu sagen, ob die Kirche auch wirklich so ist, wie die Option meint, oder ob sie eher so sein sollte und – mit unserer handfesten Hilfe – werden könnte. Und das sind die drei Optionen: Es ist erstens die Option von einer Kirche, die den Himmel offen hält. Und wenn sie dies tut, kann sie einerseits eine Kirche sein/werden, die uns – zweite Option – freier macht zu belastbarer Solidarität und die uns schließlich – dritte Option – davor bewahrt, vor der zugemuteten verantwortlichen Freiheit zu flüchten, weil sie uns vielfältige gemeinschaftliche Entlastungen eröffnet. Offener Himmel, Solidarität und Freiheit sind somit jene drei Merkmale, um die es gehen wird.

Aufrollen werden wir das Bild der enttäuschten Kirche von der Freiheit her, tasten uns weiter zur Solidarität, um die beiden schließlich mit der Option für den „offenen Himmel" zu krönen.

3

Ein drittes Mal Enttäuschung – und wieder ganz anders. Läßt sich verstehen, daß nicht wenige in den Kirchen, die sich – mit dem Evangelium im Herzen – um die Menschen, die Kinder, die Sterbenden, die Jugendlichen, die Gottsuchenden, um die Mitwelt, die Armgemachten und die Schöpfung abmühen, tief enttäuscht sind, daß ihr Mühen nicht gesehen und anerkannt wird? Natürlich ahnen sie, warum das so ist. Die Ursachen sind selbst gemacht und entstehen ohne kirchliches Zutun. Mir wäre es ein Anliegen, wenn diesen Anteilen der Kirche, die ihre Mitte ausmachen und mit der störenden Oberfläche wenig zu tun haben, mehr Gerechtigkeit zuteil würde. Auch bei ihnen gibt es nämlich schmerzliche Enttäuschungen: die Enttäuschung darüber, daß sie sich für die Menschen einsetzen und dafür Spott ernten.

Möge es künftig in und außerhalb der Kirche weniger schmerzende Kirchenenttäuschungen, dafür um so mehr heilsame Kirchen-Ent-Täuschungen geben.

Enttäuschungen

Die Kirchen in unseren Breiten haben einen weit schlechteren Ruf, als sie verdienen. Die Ursachen dafür sind vielfältig.

Die „böse Welt"

Bestimmt haben nicht jene hartgesottenen Kirchenkreise recht, welche immer nur der „bösen Welt" die Schuld geben: den Medien, den Unmoralischen, den Glaubenslosen. Dabei muß nicht bestritten werden, daß es bösartige Journalisten gibt, aber sie sind kaum mit größerer Wahrscheinlichkeit anzutreffen als bösartige Kleriker. Es braucht auch nicht geleugnet zu werden, daß es auch hierzulande einen menschheitsalten Hang gibt, „unmoralisch" zu sein, was immer das heißen mag. Noch komplizierter ist die Lage der Glaubenslosen. Denn etwas vom Unglauben steckt in jedem von uns – sagte doch selbst einer der Apostel, Thomas, mit dem tröstlichen Beinamen „der Ungläubige": *Herr, ich glaube, hilf meinem Unglauben* (Joh 20,24–29).

Dazu kommt, daß es die Ungläubigen in „Unglaubensfragen“ zumindest ebenso schwer haben wie die „Gläubigen“, weil sie für ihren ungläubigen „Glauben“ zumindest ebenso viel „Unglaubensenergie“ aufbringen müssen wie die Gläubigen für ihren Glauben. Vor allem aber sind die wirklich Ungläubigen zumeist sehr redliche, suchende und, Gott sei Dank (der Ungläubige möge diesen Ausdruck hier nachsehen), tolerante Leute. Manch ein Gläubiger könnte sich von ihrer Toleranz eine Scheibe abschneiden. Medien, Unmoral und Unglaube erklären also keineswegs allein den schlechten Ruf, in dem die Kirchen in unseren Breiten zur Zeit stehen.

Funktionärsfrust

Auch die kirchlichen Funktionäre sind für das schlechte Kirchenimage nicht allein haftbar zu machen. Dabei gibt es gerade in den geldstarken Kirchen der westlichen Welt ein schier unübersehbares Heer von ihnen: Bischöfe, an denen es bislang keinen Mangel gibt, Pfarrer, die immer seltener in Ruf- und Reichweite sind, Ordensleute, Angestellte in schrumpfenden Gemeinschaften.

Und nicht zuletzt die vielen Frauen und Männer, welche die Kirche oft leidend ihre „Arbeitgeberin“ nennen. Beteiligt am schlechten Kirchenimage sind natürlich auch sie in einer eigenwilligen Art. An ihrer Ausbildung liegt es nicht, denn diese ist so gut wie wohl kaum in anderen Kirchengebieten. Die Bezahlung macht sie auch nicht unzufrieden. Selbst über das Arbeitsklima können sie sich nicht beklagen, weil Studien zeigen, daß – sieht man von den Frauen in den Seelsorgeteams ab – ihr Arbeitsklima gemessen an anderen gesellschaftlichen Arbeitsplätzen, durchaus annehmbar ist. Unternehmensberater, die sich ratlose Kirchenleitungen immer häufiger leisten, bescheinigen dem Kirchenpersonal überdies eine hohe Motivation und herausragende soziale und fachliche Kompetenz.

Und doch ist die Stimmung unter den bezahlten Kirchenvertretern und -vertreterinnen zumeist schlecht. Eine Wolke von Frust liegt über weiten Bereichen der kirchlichen Organisation. So aber entsteht eine Art von Selbstlähmung. Vielfach erscheinen kirchliche Organisationen wie Autos, die mit angezogener Bremse fahren. Frust ist ein Symptom und für Mitarbeiterschelte untauglich. Wer aber nach den Ursachen des derzeitigen schlechten Kirchenimages fragt, stößt unweigerlich auf ihn.

Reformstau

Daß der Ruf der christlichen Kirchen schlechter ist, als sie verdienen, hat seine Gründe aber noch eine Ebene tiefer. Vor allem in der katholischen Kirche hat sich gerade bei der tragenden Generation unter den Mitgliedern, den 40- bis 65jährigen, Enttäuschung und Verärgerung breitgemacht. Das hat paradoxerweise mit der Courage des großen Konzils unseres Jahrhunderts, dem zweiten im Vatikan (1962–1965), zu tun. Damals „entschloß" sich die katholische Kirche, nach einer zweihundertjährigen „Risiko-Schwangerschaft", in der Moderne „zur Welt" zu kommen. Dem großen Papst Johannes XXIII. war klar, daß das Evangelium nicht den Kirchenleuten, sondern der Welt gehört und wie der Sauerteig beim Brotbacken in die moderne Kultur eingemischt werden muß. Bis damals aber hatte sich die Kirche „antimodernistisch" aus dieser „modernen Welt" herausgehalten. Wohlgemerkt: das Konzil wollte nicht das Evangelium der modernen Welt einfach „anpassen". Das hätte nämlich nur dazu geführt, daß das Evangelium buchstäblich überflüssig geworden wäre. Es hätte seinen kritisch-kreativen Mehrwert verloren. Vielmehr sollte eine qualitativ neuartige Evangelisierung der modernen Kultur stattfinden, jener Kultur, die wegen der Abstinenz zumindest der katholischen Kirche in ihrer

Entwicklung nicht nur weithin sich selbst überlassen war, sondern sich zum Teil auch trotzig von den bisherigen christlichen Bevormundungen „emanzipierte“.

Der Reformelan hatte nach dem Konzil auch die katholische Kirche in unseren Breiten erfaßt. Viele Kirchenversammlungen zeugen davon. Eine „moderne“ (nicht modernistische) katholische Kirche wurde schon um 1970 entworfen. Und viele hielten es bloß für eine Frage der Zeit, daß die gewünschten Reformen in der Weltkirche auch durchgeführt würden. Dabei gingen in den verschiedenen Kirchengebieten die Reformvorstellungen in recht unterschiedliche Richtungen. In den armen Regionen der Welt, von Lateinamerika über Afrika bis nach Asien, wünschte man sich eine Kirche, die kompromißlos auf der Seite der Armen steht. Befreiungstheologien wurden entworfen, eine Praxis der Befreiung ging ihnen voraus und begleitete sie. In den reichen Kirchenregionen wiederum wünschte man sich eher den Abbau von ererbten, unfreiheitlich-monarchistischen Zügen der katholischen Kirche: Den Frauen sollte der Zugang zu kirchlichen Ämtern eröffnet werden, wenigstens zunächst einmal zum Diakonat; um den sich ankündigenden Mangel an „Priestern in Ruf- und Reichweite“ zu verhindern, sollten Bischöfe Kandidaten für das Priesteramt auch dann akzeptieren dürfen, wenn diese zwar nicht ehelos leben, sich aber dafür im Leben und um so mehr in der Seelsorge bewährt haben. Auch sollten überkommene leibfeindliche und lust-lose Moralnormen, insbesondere im erotischen und Sexualleben, überprüft und annehmbare Weisungen zur verantworteten Elternschaft formuliert werden.

Je mehr Jahre ins Land gingen, um so mehr mußten breite Kreise im katholischen Kirchenvolk erkennen, daß der Reformelan zumal in der römischen Zentrale ermüdete. Zudem meldeten sich ängstliche Stimmen zu Wort. Wenn schon nicht das Konzil ein Übel sei, so klagten sie, so doch der „Geist des Konzils“, womit natürlich der nachkonziliare „Ungeist“ gemeint war. Vor allem wurde beklagt, daß nicht die Welt christlicher, sondern lediglich die Kirche weltlicher geworden sei. Und schuld daran sei einzig die fahrlässige Öffnung der katholischen Kirche zur Welt gewesen. Es sei daher höchste Zeit, diese riskante Öffnung zurückzunehmen. Nicht wenige das Konzil leitende Begriffe wurden in ein schiefes Licht gerückt oder so umgedeutet, daß sie kaum wiederzuerkennen waren: Dialog – auf dem Konzil noch die ausgestreckte Hand, die Brücke zur modernen Welt und zu allen Menschen guten Willens – wurde jetzt als Ökumene des kleinsten gemeinsamen Nenners disqualifiziert. Gewissen – auf dem Konzil höchster Respekt vor der letzten und einsamen Verantwortung jedes Menschen vor Gott – wurde immer mehr als Vorwand subjektiver Beliebigkeit verdächtigt. Kirche als Communio war nun nicht mehr Ausdruck der fundamentalen Gleichheit an Würde und Berufung aller (so nach dem Dokument des Konzils über die Kirche [Lumen gentium 33] und dem derzeit geltenden Kirchenrecht [im Kanon 208]) und damit Aufforderung zur Teilhabe aller, Frauen und Männer, an allen Lebensvorgängen der Kirche, sondern wurde als Deckmantel für eine umfassende, aber unbotmäßige Demokratisierung der Kirche verdächtigt. Dagegen erhielten alte Leitwörter, noch dazu in ihrer verkürzten, überwunden geglaubten Gestalt, neuerlich Gewicht: Lehramt, Wahrheit, Amt, Gehorsam, wobei unter letzterem meist der kindliche Gehorsam gemeint war.

Nun wird niemand leugnen, daß nicht jeder Reformwunsch nach dem Zweiten Vatikanischen Konzil auch akzeptabel war. Niemand wird bestreiten, daß durch die Öffnung da und dort auch innerkirchliche Beschädigungen entstanden sind. Auch wird man leicht einsehen, daß jede Reform in einer elephantoiden Großorganisation sich nach der Art des Echternacher Springtanzes ereignen muß: zwei Schritte vor, einen Schritt zurück, dann wieder zwei nach vorn ... Nicht wenige in der katholischen Kirche meinten freilich zu beobachten, daß es nur noch Schritte zurück gebe oder oftmals mehr als zwei zurück und kaum einen nach vorn. Und gerade in Kirchenregionen, die mit Reformelan besonders aufgeladen waren (wie unser deutschsprachiger Raum), schien Rom mit auffälliger Konsequenz Kirchenführer einzusetzen, die eine besondere Neigung für die zwei Schritte zurück besaßen: in den Niederlanden, in der Schweiz, in Österreich, vereinzelt in Deutschland und konsequent in Lateinamerika.

Man muß sich noch einmal die Lage dieser Kirchengebiete verdeutlichen: Dort waren die Reformhoffnungen besonders stark, in Kirchenversammlungen (wie dem Niederländischen Pastoralkonzil, der Gemeinsamen Synode der Bistümer der Bundesrepublik Deutschland, der Schweizer Synode, im Österreichischen Synodalen Vorgang) wurden sie präzise artikuliert und in hoher Erwartung nach Rom weitergemeldet. Und statt den Eingang der Reformpost zumindest zu bestätigen, geschweige denn die Reformideen aufzugreifen, wurde durch Personalpolitik hart gegengesteuert. Bischöfe wurden ernannt, von denen man wußte, daß sie die totgeschwiegenen Reformanliegen nicht unterstützten.

Man kann in aller Fairneß versuchen, „Rom verstehen zu lernen“. Offenbar war man dort der Auffassung (aus eigenen Analysen oder auf Grund von „Feuermeldern“ vor Ort), daß die Ortskirchen hierzulande und anderswo „brennen“. Und wie man mit Menschen, die in einem brennenden Haus eingeschlossen sind, nicht lange Verhandlungen führt, fuhr Rom mit der Feuerwehr der Bischofsernennungen aus, um den vermeintlichen Brand zu löschen. Der bekümmerte Beteiligte erlaubt sich freilich die Anmerkung, ob es nicht sein könnte, daß es gar nicht brannte – von den reformwünschenden Herzen abgesehen – und daß durch die angereiste römische Feuerwehr daher nicht Feuerschaden abgewendet, sondern Wasserschaden verursacht wurde? Und daß dabei – Sie erlauben, geschätzte Leserin, geschätzter Leser, das riskante Bild – vor allem die brennenden Herzen gelöscht wurden?

Aus Wasser entsteht unter Hitzeeinwirkung Dampf: Kein Wunder, daß nach Jahren des Löschens wirklichen oder nur vermuteten Feuers manche europäische Kirchengebiete wie Drucktöpfe sind: und niemand braucht überrascht zu sein, daß aus einem eher tragisch-skurrilen Anlaß in Österreich der Druck im Kirchentopf explosiv geworden ist. Ein einstiger, aber immer noch von ihm abhängiger Zögling hatte den Wiener Kardinal vor laufender Kamera beschuldigt, er hätte – vor Jahren – seine pädagogische Macht gegen ihn sexuell mißbräuchlich eingesetzt. Die Kirchenleitung ließ es an angemessenem Krisenmanagement fehlen. Und der Kardinal schwieg, als wäre er schon im Grab. Da riß einer Gruppe engagierter Religionslehrender, die sich mit den unnötigen Kirchenkatastrophen täglich unter erschwerten schulischen Umständen abrackern mußten, der kirchliche Geduldsfaden. Sie starteten, zunächst nur zur Ablenkung vom medial genüßlich zelebrierten Kirchenskandal, eine Unterschriftenaktion, das als Kirchenvolks-Begehren mit Sicherheit in die europäische Kirchengeschichte eingehen wird: Und das ebenso sicher nicht, wie es manche gern hätten, als „zweite Reformation", sondern als hervorragendes Beispiel dafür, daß es auch eine Schmerzgrenze in der Selbstachtung des katholischen Kirchenvolks gibt.

Bemerkenswert ist die Landkarte dieses Kirchenvolks-Begehrens. Von Österreich aus griff es auf die alten Bundesländer Deutschlands über und erreichte abgeschwächt Südtirol, Belgien, die Niederlande. Leichte Ausläufer dieses zentraleuropäischen Kirchenbebens konnte man unter anderem auch in Italien, Frankreich und England sowie in den USA und Kanada verspüren. Kirchengeographen werden dieser Landkarte noch Aufmerksamkeit schenken. Markant ist der Gegensatz in der Begeisterung zwischen den alten und den neuen Bundesländern in Deutschland. Und damit drängen sich zahlreiche Fragen auf: Warum hat das Kirchenvolks-Begehren in den osteuropäischen nachkommunistischen Ländern keine Resonanz gefunden? Was in den Kirchen im Kontext liberaldemokratisch-westlicher Gesellschaften hat es so beflügelt? Waren es die Anliegen von Kirchenmitgliedern, die in ihren „liberalen" Standards an den – wie zu hören war – „illiberalen" Positionen ihrer katholischen Kirche litten? Trieb die Unterzeichner – sie haben es lautstark dementiert – der Wunsch nach „Modernisierung“ der katholischen Kirche im Sinn einer „Liberalisierung“?

Wie immer solche Fragen beantwortet werden – und die Antworten werden nicht einfach sein –, fest steht jedenfalls, daß es in unseren altfreiheitlichen westeuropäischen Ländern eine unübersehbare Kritik an der katholischen Kirche gibt, die sich im Reformbegehren eines beachtlichen Teils des Kirchenvolks niederschlägt. Dieses harrt in den meisten Ländern immer noch darauf, ernst genommen zu werden. Dabei wird es nicht ausreichen, wenn in einer bischöflichen Vertröstungspolitik ergebnislose Gespräche geführt oder kleine Reförmchen angeboten werden (wie die nutzlose Wahl von möglichen Bischofskandidaten, die ja zur Zeit eher jene Personen benennt, die – weil von breiten Schichten des Kirchenvolks anerkannt – eben nicht Bischöfe werden), ansonsten aber in wichtigeren Fragen (wie die Lockerung der Zulassungsbedingungen für das Priesteramt zumal in priesterarmen Regionen der Weltkirche und damit auch die Erreichbarkeit der kirchlichen Ämter für Frauen) die Unzuständigkeit der Ortskirchen behauptet wird.

Könnte aber nicht gerade eine der Hauptschwächen der katholischen Weltkirche darin bestehen, daß sie sich durch Zentralisierung in ihrer Entwicklung selbst behindert, statt ihr Eigenleben aus dem in der Wirtschaft längst anerkannten Gleichgewicht zwischen „globalizing" und „localizing" zu gestalten? Eine Weltkirche, die sich nur lokal entwickelt, verliert ihren Zusammenhalt. Eine Weltkirche, die nur globale Entwicklung zuläßt, erstarrt in unbeweglicher Uniformität. Es wäre also längst an der Zeit, die zentralisierte katholische Weltkirche zu föderalisieren. Das von der Katholischen Soziallehre für Gemeinschaften eingemahnte Prinzip der Subsidiarität läßt sich auch auf die Kirche selbst anwenden und nicht nur auf politische, soziale, wirtschaftliche Gebilde.

Tatsache ist jedenfalls, daß es in unseren Kirchenbreiten viele Unzufriedene gibt, und das, wie die bisherigen Überlegungen zu zeigen versuchen, aus vielen Gründen: weil die vom Zweiten Vatikanischen Konzil möglich gemachten Reformen auf der Strecke blieben; weil von vielen Zeitgenossen die katholische Kirche als letztes vormodernes und vorliberales Bollwerk empfunden wird; und weil auf massive Erinnerung an den Reformauftrag des Konzils Kirchenleitungen entweder mit Ablehnung oder Vertröstung antworten und sich ansonsten nichts bewegt.

Apropos Zölibat: Für mich ist es längst nicht mehr die Lebensform, die das Problem darstellt. Diese Frage, ob man die Ehelosigkeit als Bedingung für den Zugang zum Priesteramt erklärt oder ob es auch andere Zugänge gibt, ist kirchenpolitisch relativ leicht zu lösen und wird wohl auch wegen des Mangels an „Pfarrern in Ruf- und Reichweite“ in absehbarer Zeit gelöst werden. Was dann aber ans Licht kommt, ist das eigentliche Problem: Wie kann nämlich sichergestellt werden, daß nur solche Personen – Frauen und Männer – in ein kirchliches Amt eintreten, die im Lauf einer empfindsamen Reifungsgeschichte ihre Begabung mit Eros und Sexualität in die Person integrieren? Alle anderen Personen stellen ein pastorales Risiko dar: Ob verheiratet oder ehelos, das tut dann wenig zur Sache. Es wäre naiv zu meinen, die Heirat würde eine solche lebensgeschichtliche Großleistung ersetzen können.

Wie auch immer – mit der Enttäuschung über die mangelnden Reformfortschritte in der Kirche scheint eine tragische Kirchenkarriere einer beträchtlichen Zahl von Kirchenmitgliedern vorgezeichnet zu sein: Am Anfang steht bei diesen die vom Konzil ausgelöste Erwartung auf eine tiefgreifende Kirchenreform. Dann breitet sich nach und nach der Eindruck aus, daß die Reformen auf die lange Geschichtsbank geschoben werden. In der nächsten Phase sammeln sich viele zum Protest. Sie bekunden ihre Verbundenheit mit ihrer Kirche dadurch, daß sie nicht austreten, sondern auftreten. Aber auch diese Phase kommt zu ihrem Endpunkt. Was dann folgt, zeichnet sich schon in blassen Konturen ab. Die einen – vor allem gutbezahlte Kirchenfunktionäre – kündigen nach innen. Sie jobben nur noch, frustriert und wirkungslos, eher mit kirchenabschreckendem Effekt. Andere organisieren parakirchliche Gruppen ohne Anbindung an die amtlichen Kirchenstrukturen und werden alsbald in die Bedeutungslosigkeit entschwinden. Die Mehrzahl der ernüchterten ReformbegehrerInnen aber versinkt in diffuse Enttäuschung. Der Protest war sozusagen ihr letzter Kirchenauftritt. Einzelne, die ihre Kirchenbeziehung (in unbemerkt gegenabhängiger Weise) von Amtsträgern her bestimmen, treten sogar offiziell aus, halten aber innerlich zumindest in der Gestalt einer seltsamen Kirchentrauer an ihrer langen Geschichte mit „ihrer" Kirche fest.

Es ist wie die Ruhe nach dem Sturm. Grabesstille? Absterben? Endgültiges Ende? Oder gibt es eine Auferstehung? Christinnen und Christen, kirchlich besehen, zwischen Karfreitag und Ostern also (so der theologisch sensible Bischof Egon Kapellari aus Gurk-Klagenfurt)?

Noch ist es schwer zu sagen, wie lange die Grabesruhe der Kirchen hierzulande währen wird. Doch zeichnet sich das Bild der Kirche nach einer „Auferstehung" schon ab. Sie entsteht an der Schnittstelle von Tradition und Situation, also von Evangelium und Kultur. Es wird eine Kirche sein, die sich mit der unverbrauchten Kraft ihres Evangeliums mehr als bisher „einmischen" wird in den turbulenten Prozeß gegenwärtiger Kulturumgestaltung. Dabei wird sie stärken, was an guten Visionen diese kulturelle Transformation vorantreibt und was den vielen engagierten Menschen guten Willens an Wahrem und Gutem gelingt: Gott sei dafür Dank, wird der gläubige Christ hinzufügen. Sie wird aber auch in prophetischer Widerständigkeit anklagen, wo die Entwicklung destruktiv ist und Opfer fordert: unter den Menschen ebenso wie in der ganzen Schöpfung.

Eine solche Kirche soll also hier umrissen werden. Sie betreibt Kulturation, das heißt, sie speist sich aus der Kraft des Evangeliums und ist sich nicht zu gut, sich bei der Einmischung auch die Hände schmutzig zu machen.

Dabei werden für die christlichen Kirchen hierzulande drei große kulturelle Strömungen aufgegriffen und in ihrem Umkreis drei Optionen für die christlichen Kirchen formuliert.

- Die drei Kulturströmungen werden mit den Begriffen Freiheit, Solidarität und Sinn angedeutet, wobei auf deren dunklen Rückseiten Freiheitsflucht, Entsolidarisierung und Lebensflucht aus Sinnarmut zu finden sind. Unsere Kultur, so die begründete Annahme, erweist sich somit durchgängig als doppelgesichtig, ambivalent. Sie trägt, theologisch besehen, Lebens- und Todeszeichen. Als solche ist sie also nicht nur die „böse Welt" der „Unglückspropheten", gottlos und moralisch verkommen. Sie ist aber auch nicht die naiv-gute Welt der unbekümmerten Fortschrittsoptimisten, die unentwegt Auschwitz, den Gulag und den Balkan aus ihrem Weltbild verdrängen.

- Die Kirche, die sich in diese vielgesichtige Kulturentwicklung einmischen wird, ist eine, „die lernt und lehrt“ (Carlo M. Kardinal Martini, ein guter Papstkandidat). Die Optionen, die sie bei ihrer Einmischung leiten werden, formen sich an den Lebens- und Todeszeichen der Kultur. Sie entfalten sich daher, wie bereits erwähnt, im Umkreis der großen Themen Freiheit, Solidarität und Sinn:

Es wird eine Kirche sein, die sich nicht nur vorbehaltlos zur Freiheit bekennt, sondern durch ihre gemeinschaftlichen Güter (wie entlastende Lebensweisheiten, leidpräventive Normen oder auch ermutigende Autoritäten) die Menschen zur Freiheit ermutigt und so vor der wachsenden Versuchung der Freiheitsflucht abhält.

Es wird eine Kirche sein, die solidarische Menschen formt, indem sie vor allem dazu beiträgt, daß der verbreitete Wunsch nach belastbarer Solidarität nicht vielfältigen Ängsten zum Opfer fällt, sondern sich zur solidarischen Tat verdichtet.

Es wird schließlich eine Kirche sein, die sich der ständigen Schrumpfung der Weltreichweite entgegenstemmt und damit der stillschweigenden Vertröstung des modernen Menschen auf das Diesseits (allein) Widerstand leistet. Positiv formuliert: Die Kirche wird für die Menschen ein Ort sein, an dem *der Himmel offen* ist (Apg 7,56).

Diese drei Optionen wirken ineinander verwoben. Dabei ist der „offene Himmel“ der entscheidende Grundzug der Kirche. Weil sich unter diesem offenen Himmel die Enge der Welt weitet, werden die an diese Enge gebundenen Ängste – vor allem jene, in knapper Zeit mit dem Wunsch nach maximal-leidfreiem Glück zu kurz zu kommen – eingedämmt werden und ihre destruktive Mächtigkeit verlieren. Dann wird aber der Wunsch nach belastbarer Solidarität mehr Chancen gewinnen, und in ihrem Umkreis wird sich die Courage, – einander entlastend – die Freiheit zu wagen, entwickeln.

Eine solche „auferstehende“ Kirche wird im Sinn der alten Abrahamsverheißung *ein Segen sein* (Gen 12,1–4). Ohne sie wären auch und gerade die Gesellschaften von morgen ärmer.

Diese Vision einer Kirche nach ihrer „Grabesstille“ wird gewiß unterschiedlich aufgenommen werden. Die einen werden sagen: Unmöglich, nur ein Traum! Andere wieder werden *aufatmen* (Apg 3,20) und sich freuen, weil ihnen an der Fürsorglichkeit Gottes zugunsten der Menschen durch die Kirche liegt und sie darunter sehr leiden, wenn die Kirche nicht gottdurchlässig, sondern schlimmstenfalls sogar selbst in ihrer beschleunigten Gottesrede „ekklesial atheistisch“ ist. Andere wiederum wird eine solche gute Prognose für die Kirche beunruhigen, weil sie eine andere Kirche kennen- und hassen gelernt haben, vielleicht auch deshalb, weil ihr Leben im Umkreis beschädigter Kirche nicht auf-, sondern eher umgekommen ist. Schließlich wird es einige geben, die all ihre Kraft, Phantasie, Zeit, selbst ihr Geld einsetzen werden, damit es morgen diese Kirche gibt, oder wenigstens Spuren davon.

Ich wäre stolz, könnte ich dazugehören . . .

Erste Ent-Täuschung: Freiheit

Freiheitsstrukturen

Europas Geschichte der letzten zweihundert Jahre wäre ohne das Ringen um Freiheit nicht zu verstehen. Gemeint ist damit zunächst die „Freiheit" der Freiheitsstrukturen. Die Regie für die eigene Lebensgestaltung sollte von weltlichen und geistlichen Obrigkeiten auf selbstverantwortliche Personen übergehen. Die Mehrung der „Freiheitsgrade" führte unweigerlich zu Lebensvielfalt. Pluralismus ist charakteristisch für freiheitliche Gesellschaften. Tatsächlich finden sich heute nebeneinander vielfältige Lebensdeutungen (Wer bin ich? Woher komme ich? Wohin gehe ich?) und Lebensstile (Wie gestalte ich mein Leben? Wie gehe ich um mit Geld, Macht, Sexualität?). In allen Lebensbereichen waren solche Freiheitsgrade das Ziel: im politischen, sozialen, wirtschaftlichen Bereich, in Bildung und Familie, in Freizeit und Religion. Eine lange Reihe von Freiheitsrevolutionen weitete die Freiheitsgrade für immer mehr Menschen aus, angefangen von der blutigen Französischen Revolution 1789 bis herauf zur samtenen Revolution in den Ländern des kommunistischen Machtbereichs im Jahre 1989.

FREIHEITSBEWUSSTSEIN

Strukturen allein garantieren jedoch noch kein entsprechendes Bewußtsein. Das kann an der Entwicklung gerade in den nachkommunistischen Ländern Ost- und Mitteleuropas beobachtet werden. Dort wurden in kurzer Zeit „Freiheitsstrukturen" geschaffen, viele Menschen aber verweilen noch im Bewußtsein des jahrzehntelang eintrainierten „realen Sozialismus".

Ähnlich verlief die Entwicklung in den erklärt freiheitlichen Ländern des „freien Westens". Die Freiheitsstrukturen wurden zunächst nur von einer Bildungselite genützt. Die Bildungsexpansion in den Nachkriegsjahren verschaffte dann aber der von der bisherigen Bildungselite getragenen „Kulturrevolution" der 68er Jahre große Resonanz. Die Bereitschaft, sich fremdsteuern zu lassen, nahm schließlich in breiten Bevölkerungskreisen rapid ab. Immer mehr Menschen beanspruchten, ihr „Leben so zu leben, wie sie es selbst für richtig erachten". Bei Umfragen erreicht diese Position Zustimmungswerte von 85%.

Alle Einrichtungen, die für Fremdsteuerung standen, gerieten in eine tiefe Krise. Dazu zählen die traditionell geformten Institutionen, Normen und Autoritäten. Institutionen wie Parteien, Gewerkschaften, Verbände und Vereine, und nicht zuletzt auch die Kirchen waren allesamt davon betroffen. Ein Musterbeispiel für die wachsende „Entinstitutionalisierung“ des Lebens ist die Ehe. Die Menschen verfahren mit den in ihr als Institutionen gebündelten Handlungszumutungen sehr wählerisch. Für die Liebe allein gilt sie als überflüssig, für die Veränderung der Geschlechterrollen störend, für den Ausstieg aus einer Beziehungsgeschichte, aber auch für die Gestaltung der Außenbeziehungen als hinderlich. Zur Not nimmt man sie um des Rechtsschutzes der wenigen Kinder, die Paare bekommen, in Kauf. So ist die Heirat nicht mehr „Hochzeit“, sondern buchstäblich „höchste Zeit“, nicht Ritual der Eheschließung, sondern der Familiengründung.

Im normativen Bereich sind viele rechtliche Vorschriften der Gesellschaft, vor allem im Strafrecht, betroffen, und selbstverständlich die normative Seite der Religionsgemeinschaften. Normative Liberalisierung wird verlangt und politisch erkämpft. Ehescheidung, Abtreibung, Homosexualität sind klassische Themen geworden. Die Diskussionen haben vor den Toren der

Kirchen nicht haltgemacht. Zur Zeit ist es insbesondere die katholische Kirche, die in dieser Hinsicht gefordert wird. Die Anwälte einheitlicher sittlicher Normen für alle Kirchenmitglieder haben es schwer. Die Streitthemen sind über die Zäune der Kirche hinaus bekannt. Der Versuch „Roms", in der Enzyklika „Humanae vitae" die Empfängnisverhütung inhaltlich normativ zu regeln, fand nur bei einem kleinen Teil des Kirchenvolks Zustimmung, geschweige denn Gefolgschaft. Ähnliches gilt für die sittliche Bewertung von Scheidung und Wiederheirat, die Beurteilung der vorehelichen Beziehungen, des den Priestern zugemuteten Zölibats, der katholischen Sexualnormen. Nun haben sich diese normativen Positionen im Lauf der Moralgeschichte gewiß entwickelt. Aber in ihrer traditionellen Ausprägung tragen sie leib- und frauenfeindliche Züge an sich; Sexualität wird generell in einem fast heidnisch-archaischen Sinn dämonisiert oder (Sprung ins Gegenteil) spirituell romantisiert, während der kommunikative Aspekt kaum gewürdigt wird.

Unbeschadet all solcher inhaltlicher Erwägungen kann gar nicht übersehen werden, daß der Protest der Menschen nur sekundär die Inhalte trifft, primär aber gegen die „normativ-autoritäre Einmischung" der kirchlichen Institution als „geistlicher Macht" gerichtet ist. Die Frage „Wie kommt der Papst dazu, in meinem Schlafzimmer mitzumischen?" steht im Vordergrund. Dementsprechend ist auch nach einer Zeit spöttisch-aggressiver Ablehnung kirchlicher Sexualmoral ein Zustand des mitleidig-belächelnden Ignorierens getreten. Vor allem bei den jungen Menschen ist das der Fall, während ältere Kirchenmitglieder und Kirchenfunktionäre immer noch eine Neuformulierung kirchlicher Sexualnormen fordern. Die Jungen hingegen werden sich in der nächsten Zeit miteinander ihre eigenen Spielregeln basteln, die wenig verbindlich, weil jeden Tag neu widerrufbar sind.

Auch Autoritäten haben es heutzutage schwer. Gemeint sind die amtlichen Autoritäten, die von den persönlichen Autoritäten streng unterschieden werden müssen. Denn es gibt durchaus Personen, die für einzelne Menschen eine Autorität darstellen. Aber die Tatsache, daß jemand ein Amt innehat, reicht dafür nicht (mehr) aus. So gibt es heute in der katholischen Kirche Bischöfe, denen keinerlei Autorität zukommt. Zwar haben sie administrative Zuständigkeiten über Personal und Geld, aber keinen Einfluß auf die innere Entwicklung der Gemeinschaft oder ihrer Mitglieder. Obwohl oder gerade weil sie vor-gesetzt sind, bleiben sie aus den wichtigen Entwicklungen der Gemeinschaft ausgeschlossen. Ein tragischer Selbstausschluß und damit eine folgenschwere Amtsbehinderung finden statt.

Natürlich wird jemand, der in den traditionellen Kategorien von Autorität und Gehorsam denkt, entsetzt sein und flagranten Ungehorsam beklagen. Doch darf nicht übersehen werden, daß im Zuge der Entwicklung moderner Freiheitskulturen nicht der Gehorsam als verdichtete Freiheit, wohl aber der Gehorsam als Untertänigkeit und Fremdsteuerung abgedankt hat. Der große Kirchenlehrer aus dem Nordafrika des ausgehenden vierten Jahrhunderts, Augustinus von Hippo, bekommt immer mehr recht. Sinngemäß bemerkte er, daß die Krise des Gehorsams zunächst immer eine Krise der Autorität ist. Die Krise der Autorität hat aber heute vor allem damit zu tun, daß ihre überkommene Stilisierung nicht der Freiheitsmehrung, sondern der Fremdsteuerung zugunsten von Interessen außerhalb der Person diente: „Führer, befiehl, wir folgen dir!“ Und: „Wir haben nur unsere Pflicht getan!“

Krise der Freiheitsentwicklung

Die Zeit zwischen 1968 und 1990 wird als jene Phase moderner Freiheitsentwicklung in die Geschichte eingehen, in der sich nach jahrzehntelanger Ausweitung der Freiheitsstrukturen in den Bevölkerungen das Freiheitsbewußtsein rasch weiterentwickelte. Die traditionelle Gehorsamskultur ging in der überaus kurzen Zeit von zwei Jahrzehnten buchstäblich „revolutionär“ zu Ende. Haben jene recht, die vermuten, daß an ihrer Beendigung auch das Zweite Vatikanische Konzil der katholischen Weltkirche nachhaltig mitgewirkt hat?

Wie stark der Wandel war, zeigt die Entwicklung der Zustimmung der österreichischen Bevölkerung zu dem Satz: „Das Wichtigste, was Kinder lernen müssen, ist der Gehorsam.“ Diese ist von 86% im Jahre 1970 über 62% 1980 auf 44% im Jahre 1990 gefallen.

Seit 1990 zeigen die Zahlen aber eine andere Entwicklung: 1992 sind es wieder 48%, 1994 sogar 53%, welche den Gehorsam zu einem wichtigen Erziehungsziel erheben. Eine Trendwende scheint im Gang zu sein. Die mehr als zwanzigjährige Freiheitsentwicklung scheint an einen kritischen Punkt gekommen zu sein. Zwar setzt sie sich in einem Teil der Bevölkerungen nach wie vor fort. Aber ein anderer Teil geht den Weg der Ausweitung individueller Freiheitsgrade nicht mehr mit. Vielmehr gibt es bei diesen Menschen Anzeichen dafür, daß sie die bedrükkende Last der Freiheit wieder loswerden wollen: an Autoritäten, geschlossene Gruppen, an Gurus und Therapeuten, Führer und Einrichtungen, die sich auf „Identitätsverleih“ spezialisiert haben.

Diese Trendwende einzelner Personen verdichtet sich bereits in sozial wahrnehmbarer

Weise: Politisch wie religiös wächst die Bereitschaft, sich „anzuschließen“, mitzugehen. Rechtsradikal-autoritäre Bewegungen verzeichnen in der politischen Szene ebenso wie leider sogenannte „fundamentalistische“ (wer wahrhaft glaubt, steht immer auf einem festen Fundament) im religiösen Bereich beachtlichen Zuwachs. Und das gerade unter den Jüngeren.

Gründe für die neuartige Entwicklung werden bereits konturenhaft sichtbar. Verständlich wird, warum es bei immer mehr Menschen eine Freiheitsermüdung gibt und die Neigung zur Freiheitsflucht zunimmt. Offenkundig ist ein Mißverhältnis entstanden – zwischen der Freiheitskunst der einzelnen Person und den Anforderungen, die das Leben in Freiheit unter den heutigen gesellschaftlichen Bedingungen stellt.

Neue Unübersichtlichkeit

Kein Geringerer als Jürgen Habermas hat schon vor Jahren auf die neue Unübersichtlichkeit hingewiesen. Die Lebenswelten werden immer komplexer, die Zusammenhänge komplizierter. Wer kennt sich da noch aus? Dazu kommt, daß Freiheit auch dort zugemutet wird, wo das Scheitern vorprogrammiert ist. Wie sollen beispielsweise heute gut ausgebildete junge Menschen „in Freiheit“ bezahlte Erwerbsarbeit finden, wenn es nicht ausreichend Arbeitsplätze für sie gibt? Andere Probleme erweisen sich ähnlich unlösbar: Wie kann man Ökonomie und Ökologie vereinbaren, und zwar in Zeiten angespannter Arbeitsmarktsituationen? Wie kann das Verhältnis zwischen Arbeitswelt und Familienwelt besser ausbalanciert werden? Wie kann ein gerechter Ausgleich geschaffen werden zwischen den wirtschaftlich armen und den reichen Regionen der Erde?

Diese Unübersichtlichkeit ist angstbesetzt und verlangt nach Vereinfachung mit dem Ziel des Angstabbaus. Eben diesen neuartigen psychischen Bedarf decken nun politische und religiöse Rechtsbewegungen ab. Sie vereinfachen populistisch und gewähren einen Zutritt zu einer „komplexitäts-reduzierten“ Lebenswelt. Und beim Eintritt wird den Menschen die lästig gewordene Freiheit abgenommen.

Verschärft wird dieser Trend durch eine merkliche Veränderung in den Entwicklungsmöglichkeiten der Menschen zu „FreiheitskünstlerInnen“. Kinder wachsen immer häufiger in einer „Madonnenszene“ (Brigitte und Peter L. Berger) auf: Mutter mit Kind. In Abwesenheit der „Väter“. Diese werden, ihrer traditionellen Männerrolle entsprechend, primär in der Berufswelt gebunden und beziehen von dort her den Kern ihrer Identität. Männer sind ebenso Berufsmänner, wie die Frauen herkömmlicherweise Familienfrauen sind. Wie sehr Männer ihr Selbstbild an ihrer beruflichen Position formen, zeigt sich, wenn Männer Arbeit verlieren. Sie verlieren damit ihre soziale Anerkennung. Sie verlangen folgerichtig, daß in Zeiten, in denen Arbeit knapp wird, diese zunächst an Männer vergeben werden soll.

Eine solche Lage erschwert es vielen Männern, Väter zu sein. Zwar haben sie eine eigene Verantwortung für die Familie, die sie auch wahrnehmen. Sie sind zuständig fürs Einkommen, die Frauen hingegen fürs Auskommen. Ähnlich halbiert ist der Umgang mit Kindern. Soweit Zeit bleibt, werden „saubere" Aktivitäten (Geschichten erzählen, Sport betreiben ...) vollführt. Doch das ist bei ganz kleinen Kindern nicht möglich.

Das macht verständlich, daß Kinder vor allem in der symbiotischen Obhut der Mutter leben, wie auch die Mütter ihre Kinder nicht selten als emotionalen Ersatz für den fehlenden Mann „brauchen". Das Loskommen von diesem symbiotischen Verwöhnungsarrangement ist schwer geworden, was unweigerlich Langzeitfolgen hat: Das vielfach beschriebene Phänomen „Hotel Mama" gehört ebenso dazu wie die Beobachtung, daß Männer, wenn sie heiraten, oftmals keine ebenbürtige Partnerin, sondern einen Muttterersatz suchen. Sie erwarten dann von ihrer Partnerin das, was ihnen bisher ungebrochen ihre Mutter gewährt hat. Auch das ist dann eine Folge: „Männer lassen lieben“ (Wilfried Wieck). Sie delegieren die Liebe an die Mütter-Frauen.

Den Preis solcher Verhältnisse zahlen die Kinder, deren Ichentwicklung nur erschwert vorankommt. Immer mehr bleiben dann Kinder in einer verlustängstigen Verwöhnungsstimmung befangen. Diese kann – am Rande vermerkt – auch dann entstehen, wenn die Mutter nicht übermächtig, sondern ebenso wie der Vater häufig abwesend ist und das Kind zu oft erlebt, im Weg zu sein und zu professionellen Ersatzmüttern abgeschoben zu werden.

Bleibt aber die Ichentwicklung stecken, dann nimmt die Zahl ichschwacher Personen zu. Das geschieht nun justament in einer Zeit, die gelingendes Leben mit vollem Risiko in die Verantwortung freiheitsfähiger Menschen legt. Wundert es, wenn die Schere zwischen Anforderung und Fähigkeit sich öffnet? Überrascht es, daß die Überforderung zunimmt, damit auch die Bereitschaft zur Freiheitsflucht?

Hinweise auf die Mehrung ichschwacher Jugendlicher finden sich viele. PädagogInnen können ein Lied davon singen. Sind doch Auswirkungen der Ichschwäche Langeweile ebenso wie Aggressivität. Und beide nehmen in Kindergärten und Schulen zu. Ebenso wachsen Prüfungsangst, nehmen Kinder Tranquilizer, um selbst mit den ohnedies zurückgenommenen Anforderungen zurechtzukommen. Die Befürchtung ist nicht aus der Luft gegriffen, daß wir – wenn wir mit unserem Familiensystem weiterhin derart humanunökologisch verfahren – auf einen nicht mehr finanzierbaren Therapie- und Polizeistaat zugehen.

Erste Option: Freiheitsermutigung durch Freiheitsentlastung

Vor dem Hintergrund solcher Entwicklungen kann eine erste Stärke künftiger christlicher Kirchen sichtbar gemacht werden. Sie werden unbeugsame Anwälte und zugleich hilfreiche Freiheitsermutigerinnen sein.

Dabei ist den protestantischen Kirchen die unbeugsame Anwaltschaft für die Freiheit geläufiger als der katholischen Kirche. Vor allem gegen die liberale Freiheitskonzeption der Moderne hat sich der Katholizismus hartnäckig gewehrt und auch heute noch Bedenken gegen einen „schrankenlosen Liberalismus“, so Johannes Paul II. im Mai 1996 in Slowenien.

Doch hat derselbe Katholizismus sich auf dem Zweiten Vatikanischen Konzil zum Bekenntnis zur Religionsfreiheit durchgerungen. Wahrer Glaube kann nur in Freiheit erstehen, und zwar in innerer wie äußerer Freiheit. *Ihr seid zur Frei-*

heit berufen (Gal 5,13), so der Euroapostel Paulus. Es gilt auch in der christlichen Auffassung vom Menschen als Gottes großes Risiko, daß er jedem einzelnen zutraut, sich in freier und unvertretbarer Eigenverantwortung ein Leben lang selbst zu erschaffen und damit die Schöpfung voranzutreiben. Das macht ja den Menschen zum Ebenbild des Schöpfergottes, daß sein Leben ein verantwortlicher Vorgang der Selbstverwirklichung ist.

Jesu Talenteparabel weist in dieselbe Richtung. Jeder und jedem sind Lebenstalente anvertraut, mit denen kreativ gewirtschaftet werden muß. Schlecht kommt in diesem Gleichnis Jesu nur jener weg, der das anvertraute Lebenstalent im Schweißtuch seiner Lebensangst begraben hat. Nicht zu leben ist daher mehr gegen Gottes Absicht gerichtet als zu leben und dabei Fehler zu machen . . .

Freilich, das (im Fall der katholischen Kirche sehr späte) Bekenntnis zur Freiheit reicht heute längst nicht mehr aus. Schon gar nicht für die wachsende Zahl jener, die anfangen, trotz oder gar wegen hoher Freiheitschancen vor der Freiheitszumutung zu flüchten. Hier braucht es neben dem grundlegenden Bekenntnis der Kirchen mehr: nämlich Ermutigung durch Entlastung, also Frei(heits)mut durch soziale Unterstützung, „social support", um einen guten angelsächsischen Begriff zu gebrauchen.

Ob Freiheitsentlastung nicht eben durch jene

sozialen Wirklichkeiten geschehen könnte, die in den letzten Jahren der raschen Ausweitung des Anspruchs auf Selbststeuerung als Instrumente der Fremdsteuerung abgelehnt wurden: nämlich Institutionen, Normen und Autoritäten, diese aber mit neuer Qualität?

INSTITUTIONEN: LEBENSWEISHEIT

Institutionen sind Bündel von Lebenswissen für wichtige Lebensbereiche: so beispielsweise die Produktion von Gütern (Institution Wirtschaft), die Reproduktion von Leben (ein Moment der Institution Ehe), die Tradierung von angesammeltem Lebenswissen (Institution Bildung) oder die Regelung des Straßenverkehrs (Institution Straßenverkehrsordnung).

Das dergestalt gebündelte Lebenswissen sammelt einerseits bewährte Alltagserfahrung („Lebensweisheit"), andererseits werden die Menschen genötigt, sich an diese Erfahrungen zu halten.

Weil diese Nötigung als Hindernis für die beanspruchte Selbststeuerung des Lebens eingestuft wurde, lehnte man in den letzten Jahrzehnten Institutionen entweder generell ab oder machte sie zum Gegenstand der unterschiedlichsten Wahlvorgänge. So fingen Paare an, den Zeitpunkt der Institutionalisierung ihrer Liebe selbst zu bestimmen (was im Normalfall hinausschieben bedeutete), und wenn sie dann „heirateten“, dann wählten sie aus der Institution jene Teile heraus, die das Kind schützten. Die Institution Ehe wurde so zunehmend zur Familieninstitution zum Schutz der Nachkommen. Die Partnerbeziehung, damit die Rollen von Mann und Frau, die Aufgabenverteilung, wer sich ums Kind kümmert, wer außerhäuslich einer Arbeit nachgeht: diese Anteile der herkömmlichen Eheinstitution wurden faktisch selbststeuernd von jedem Paar neu ausgehandelt. Das führte freilich zu hohen Ansprüchen an die Verhandlungskunst des Paares, die zudem durch harte gesellschaftliche Strukturen (wie das Verhältnis von Erwerbswelt und Familienwelt) belastet wurde.

Heute fühlen immer mehr nicht nur den Vorzug freier Gestaltbarkeit, sondern zugleich auch ihre Last. Manche reagieren darauf mit dem Wunsch nach harter („reaktionärer“) Reinstitutionalisierung: Andere, wie starke Führer, feste Gruppen, vorgelegte Ordnungen, sollen ihnen die Lebensarbeit abnehmen. Wiederum andere suchen auch Entlastung, möchten aber die Selbststeuerung nicht aufgeben. Das hat inzwischen dazu geführt, daß der Markt der bewährten Lebensweisheiten boomt: in der Bildung, in der Buchproduktion. Auf diese Weise geschieht sanfte Reinstitutionalisierung. Mit Respekt vor der Selbststeuerung wird Entlastung offeriert.

Dabei zeigt sich, daß immer häufiger der moderne Freiheitsanspruch mit dem Rückgriff auf altbewährte Lebensweisheiten einhergeht. Diesen wird vertraut, weil sie zumeist einfach und bewährt zugleich sind. Das ist sowohl im Bereich der Ernährung, der Gesundheit, aber auch neuestens in der Religion zu beobachten. In der Forschung (Matthias Horx) hat sich dafür auch schon ein Neubegriff gefunden: Rekombination. Er kommt aus der Beobachtung der genetischen Entwicklung von Arten. Da haben sich einzelne Arten in ihrer Entwicklung gleichsam weit vorgewagt. Das macht sie aber verletzlich. Um sich – ohne die „fortschrittliche“ Position zu verlassen – zu schützen, verbinden sie sich mit altem Erbgut. Eine Lösung, die sich offenbar auch in der Entwicklung unserer Lebenskultur abzeichnet. Wir haben uns in der Freiheitsentwicklung sehr weit vorgewagt. Um diese bedrohte Vorhutposition zu schützen und unser gedeihliches Überleben in ihr, fangen wir an, auf altbewährte Lebensmuster zurückzugreifen.

Die christlichen Kirchen mit ihrem reichen Schatz an angesammelter Lebensweisheit stehen in dieser Situation überraschend gut da. Diesen Schatz an Lebensweisheit gilt es nun, nicht wie in obrigkeitlichen Zeiten den Menschen zuzuweisen, vorzuschreiben, unter Strafandrohung aufzunötigen. Vielmehr muß der Zugang zu ihm in interessierter Freiheit geschehen, was gewiß mehr ist als ein beliebiges Angebot. Solch freies Zuspielen wird gewiß begünstigt, wenn es von einem Lebensraum aus geschieht, auf dem dieses Erfahrungswissen sich bewährt und plausibel ist. Es nützt wenig, Lebensweisheit nur zu verkaufen, ohne sie selbst zu leben.

Normen: Leidprävention

Ein zweites Gut, das die Kirchen zur Freiheitsermutigung durch Freiheitsentlastung zur Verfügung halten können, sind „Normen mit neuer Qualität“. Gemeint ist dabei deren leidmindernde, ja leidpräventive Kraft.

Johann Baptist Metz hat darauf hingewiesen, daß tragischerweise aus der biblischen Leidensmoral eine autoritäre Sündenmoral geworden ist. So war es die Zielrichtung der Zehn Gebote, für das an Leben reiche Land Kanaan zu verhindern, daß Menschen einander durch unnötiges Leid Schaden zufügen. Also „wirst“ du nicht . . ., und das aus Liebe zu (gottgeschenktem) Leben. In der katholischen Volkserziehung der letzten Jahrhunderte, rund um Sünde und Beichte, nimmt sich das schon anders aus. Sünde wurde ein Teil der obrigkeitlich stilisierten Glaubenswelt. Aus der Leidensmoral wurde eine Beleidigungsmoral. Beleidigt wurde ein Gott, der gleichsam – man verzeihe das didaktisch überzogene Bild – in einem Gebiet mit reichem Leben durch Normen einen kleinen Raum ausgegrenzt hat, in den er den Menschen hineinsetzt und ihn prüft, ob er angesichts des verlockenden Lebens außerhalb des Normenzaunes dennoch gehorsam im Bereich verdünnten Lebens verbleibt. Übertreter konnten dann mit Hilfe der Beichte ihren ungehorsamen Ausritt ins Leben verziehen bekommen. Wer versteht vor diesem Hintergrund nicht, daß viele Menschen sowohl die Normen wie die Beichte ersatzlos aus ihrem Leben gestrichen haben? Dennoch sind dadurch Leid und Schuld nicht aus dem Leben der Leute verschwunden, sondern treiben in tieferen Schichten unbearbeitet ihr Unwesen. In Lebenskrisen und in Therapie werden viele sich dieser Lage zunehmend bewußt. Der Wunsch nach Vermeidung unnötigen Leidens, welche nicht zugleich Leiden anderer verursacht, nimmt wieder zu. Damit wächst auch die Bereitschaft, nicht autoritär stilisierte, dafür aber leidpräventive Normen wieder neu zu erwägen. Dieser Bedarf hat auch schon Namen. Vom Ethikbedarf ist die Rede, gewiß zunächst in den sensiblen Bereichen des Zugriffs zum Zellkern und zum Atomkern, aber auch wenn es um Geburt und Tod geht, nicht zuletzt auch, wenn Menschen sich Räume schaffen, die geprägt sind von Stabilität und Liebe, die sie als Obdach für ihre Seele zum Überleben dringend brauchen. So wie heute niemand den Sinn einer Straßenverkehrsordnung bestreitet, gewinnt die Einsicht an Boden, daß auch andere „Verkehrsordnungen“ gut sein könnten, um in der Liebe unnötiges Leid zu vermindern.

AUTORITÄTEN: GLAUBHAFTE LEBENSMODELLE

Eine dritte Möglichkeit, zur Freiheit zu ermutigen, wären Autoritäten „mit neuer Qualität“. Dabei würde allerdings der alte, oft verschüttete Sinn von Autorität wieder aufleben. Das Wort Autorität leitet sich her von „augere“, mehren. Gemehrt werden Lebenschancen von Anvertrauten. Das kann „autoritär“ verformt geschehen: Dann wird das Leben anderer fremdgesteuert. Autorität kann sich aber auch als Anreiz zur Selbststeuerung eignen. Dann weist die Autorität nicht eine bestimmte Lebensgestalt zu, sondern „inszeniert“ gleichsam lebensoffene Räume und Zeiten und fördert die Fähigkeit der Anvertrauten, die in ihrem Leben liegenden Chancen zu nützen. Das Offenhalten von Räumen hat dann nicht selten eine politische Dimension. Die Arbeitswelt von Männern heute so zu organisieren, daß ihnen die Ausweitung ihres Lebensraums auf die Familie hin nicht unmöglich gemacht ist, kann ein brauchbares Beispiel dafür sein. Die Förderung von eigener Lebensgestaltung wiederum ist eine pädagogische Herausforderung.

Es gibt heute, auch in den Kirchen, solche wirkmächtige „Autoritäten mit neu-alter Qualität". Andere, auch jüngere, ziehen in deren förderlichen Einflußbereich, weil sie dort nicht um-, sondern aufkommen können. Dabei handelt es sich keineswegs um Personen, die sich bei den Anvertrauten dadurch einschmeicheln, daß ihnen alles recht ist. Die Pädagogik des „anything goes", damit der faktischen Beliebigkeit, hat an Anziehungskraft verloren. Solche Beliebigkeit wird immer häufiger, gerade auch von jungen Menschen, als Desinteresse ausgelegt.

Das hat im übrigen auch zu einem Kraftverlust des Konzepts einer „Angebotskirche" geführt. „Angebot" mag zwar die Entschlossenheit der Kirche signalisieren, Leben nicht entmündigend fremdzusteuern. Angebot wird dann zum Vehikel des Respekts vor der verantwortlichen Freiheit des einzelnen Menschen. Religiöses und ethisches Angebot im Umkreis neoliberalen Marktdenkens kann aber leicht dazu verkommen, daß das Unternehmen weniger am „Kunden", sondern am eigenen „Umsatz" interessiert ist. Und eben das merken die Menschen schnell.

Interesse zeigt sich aber nicht im Modus des „Feilbietens“ von Waren, welche die Verkäufer der Kirche oft selbst nicht sonderlich zu schätzen scheinen. Ein anderes Bild bietet sich an: jenes vom Baum, an dem das Wild sich reiben kann. Autorität, wirksam und nachhaltig zur Förderung der Anvertrauten ausgeübt, verlangt daher nach der Auseinandersetzung, kennt den Konflikt, scheut nicht die Konfrontation. Alle diese „aggressiven“, auf den Anvertrauten interessiert zugehenden Weisen sind Beweis für förderliches Wohlwollen. Allein dieses kann auch verhindern, daß aus der „attentio“ (Aufmerksamkeit) für die Förderung des Anvertrauten ein „Attentat“ gegen seine Freiheit wird (Hermann Stenger).

Autorität erwächst allerdings keineswegs aus Worten. Eine solche „Autorität des Wortes“ kann es gewiß geben. In Österreich hat diese mit Sicherheit Kardinal Franz König, Wiens Alterzbischof. Für nicht wenige Jugendliche ist eine solche Autorität Roger Schutz, der Prior des Klosters in Taizé. Doch ist solche „Autorität des Wortes“ immer kompromißloser an die „Autorität des gelebten Lebens“ gebunden: Wofür steht derjenige bzw. diejenige, der/die redet? Tut sie/tut er auch, was sie/was er fordert? Was dann wachsen kann, ist im besten Sinn dieses alten Wortes „Nachfolge“. Leben in dieser Art wird von „Nachfolgenden“ in Freiheit zu leben versucht. Einer, der solche Autorität in konsequenter Einsamkeit gelebt hat, war mit Sicherheit Jesus von Nazareth. Deshalb sind bald zweitausend Jahre lang immer wieder Menschen in seine Nachfolge getreten.

Umgekehrt kann eine Kirche, welche nur von Gott redet, ihn aber nicht „tut“, rasch an Glaubwürdigkeit und damit an wirkungsvoller Autorität verlieren. Nicht mehr ein beschleunigtes „Gottesgeschwätz“ wird ihr weiterhelfen, sondern nur, wenn sie in Gottes Art *Aug und Ohr* (vgl. Ex 3,7) ist für die Armgemachten, solidarisch mit den Unterdrückten, ein Asyl für die Leidenden.

Eine kleine Begebenheit mag diesen Gedankengang abschließen. Erzählt wurde sie mir von einem erfahrenen Seelsorger. Er unterrichtete in einer Schule eine Klasse, die es geschafft hatte, eine Art Schulomega zu werden. Kein Lehrer hatte mit ihr Freude. Allein dem Religionslehrer war nichts zu dumm. Nun war es administrativ üblich, den Lehrstoff der Stunde am Ende jeweils ins Klassenbuch einzutragen. Einmal vergaß er das. Als er es bemerkte, nahm er sich vor, den Eintrag in der nächsten Stunde nachzuholen. Als er dann das Klassenbuch öffnete, fand er die Arbeit schon getan. Die Klasse hatte den Eintrag für ihn erledigt. Und das mit einem einzigen Wort: Asyl. Das war für sie, die Verachteten, die Religionsstunde: Asyl. Nicht mehr und nicht weniger. Eine tiefe Erfahrung von dem, wofür Gott steht.

Zweite Ent-Täuschung: Solidarität

Die zweite Option wünscht eine Kirche, welche für Solidarität steht. Sie wäre ein Ort in unserer Gesellschaft, in der Solidarität nicht verbraucht, sondern vermehrt wird. Kirchen wären Gemeinschaften, in deren Umkreis Menschen in belastbarer Weise solidarisch leben lernen. Und das gegen einen vielbeschworenen entsolidarisierenden Trend in unseren modernen Freiheitskulturen.

Das Anliegen der Solidarität ist als soziales und politisches Thema in Europa ebenso alt wie jenes der Freiheit. Die Bauleute Europas, zunächst freilich nur der einzelnen Nationalstaaten, erkannten sehr früh, daß die individuelle Freiheit allein noch keine soziale Gerechtigkeit garantiert. So hat sich in Europa in den letzten zweihundert Jahren eine starke Solidartradition gebildet, woran vor allem die Arbeiter- und Gewerkschaftsbewegung mitgewirkt hat. Um sie herum haben sich politische Parteien geformt. Auch die christlichen Kirchen haben sich praktisch wie theoretisch eingemischt.

Überleben in Solidarität

(Solidarbedarf)

So wichtig Solidarität für das Zusammenleben der Menschen in Europa in den letzten zweihundert Jahren war: ihre Bedeutung wird in den nächsten Jahren noch zunehmen. Und das nicht nur im Hinblick auf die arm gemachten Regionen der einen Welt, sondern auch in unseren Ländern. Bei uns konnte über Jahrzehnte in sozialem Frieden die leichtere Verteilungssolidarität inmitten des Reichtums praktiziert werden. Ihre Grundlagen, nämlich ein jährliches Mindestwachstum von 3% des Bruttonationalprodukts, scheinen vor unseren Augen zu schwinden. Zeiten der Knappheit verlangen nach einer Solidarität, die belastbarer ist, als sie es in Zeiten des Überflusses sein mußte. Solidarität wird dann zur „Überlebenstugend“, so Papst Johannes Paul II. in seiner großen Sozialenzyklika *Sollicitudo rei socialis* aus dem Jahre 1987.

Nur mit einem hohen Maß an belastbarer Solidarität wird es nämlich gerechtere Verhältnisse geben oder kann einer wachsenden Ungerechtigkeit in der Verteilung der Überlebensgüter gewehrt werden.

An Gerechtigkeit ist der Friede gebunden. „Nur Gerechtigkeit schafft Frieden“, so in überlieferter biblischer Sicherheit die deutschen Bischöfe inmitten der hart geführten Diskussionen um den NATO-Doppelbeschluß „Verhandeln und aufrüsten“.

Mit dem „verschlungenen Paar“ von Gerechtigkeit und Frieden (*Es begegnen einander Huld und Treue; Gerechtigkeit und Friede küssen sich.* Psalm 85,11) ist schließlich die Freiheit untrennbar verknüpft. Wo nämlich der Friede am Unrecht zerbricht, geht auch die Freiheit nur allzu rasch verloren.

Es wird also in Europa, ja darüber hinaus in der einswerdenden Welt künftig kein Leben geben, das gezeichnet ist von Gerechtigkeit und daher von Frieden und Freiheit, wenn es nicht einen starken Vorrat an belastbarer Solidarität in unseren Kulturen gibt.

ÜBERFLÜSSIG WERDEN IM ÜBERFLUSS

Wie sehr sich die Lage hinsichtlich Gerechtigkeit und daher Frieden und Freiheit zugespitzt hat, zeigt die lange Liste der Opfer einer ungerechten Verteilung der Lebenschancen in der einswerdenden Welt.

Der herausragende deutsche Essayist Hans Magnus Enzensberger hat schon vor Jahren treffsicher formuliert: „Selbst in reichen Gesellschaften kann morgen jeder von uns überflüssig werden. Wohin mit ihm?“ Diese Formel, welche eine brauchbare Suchformel nach den Opfern des Unrechts in modernen Gesellschaften ist, läßt sich leicht operationalisieren. Es ist nicht schwer aufzudecken, wer in Gefahr ist, überflüssig und daher entsorgt zu werden. Es sind jene, die nicht produktiv und nicht konsumptiv sind und zudem nicht erlebnistauglich. Wer also seine Arbeitskraft nicht verkaufen kann, wer umgekehrt nicht hinreichend Waren kauft und verbraucht, und dies nicht zuletzt im Erlebnisbereich, der ist in unseren Gesellschaften nur wenig „wert“, gerät in den Sog des Überflüssigwerdens. Und je mehr die öffentlichen und privaten Haushalte angespannt sind, je mehr zudem Überflüssige das Lifedesign „wertvoller“ BürgerInnen stören, je mehr wird über Entsorgungsmöglichkeiten nachgedacht. Das geschieht – wie bei den Sterbenden oder den Behinderten – zunächst diskret, verstohlen, auf wissenschaftlichen Kongressen, bahnt sich aber ziemlich schnell den Weg in die medial gestützte öffentliche Diskussion und in Gesetzesvorlagen.

Die Liste jener Menschen, die selbst in reichen Gesellschaften hart an der Grenze zum Überflüssigwerden leben, ist lang. Schon wurden die Sterbenden erwähnt, deren unproduktives Sterben in den geldverschlingenden Krankenhäusern immer unfinanzierbarer wird. Dann fügen sich an die Alten, die Kranken. Die Diskussion spitzt sich heute neuerlich zu auf die Gruppe der „lebensunwerten“ Behinderten (Peter Singer und die vielen, die denken wie er). Eltern, die auf der Basis pränataler Diagnostik „unverantwortlicherweise“ ein behindertes Kind zur Welt bringen und damit die angespannten Sozialhaushalte belasten, müßten künftig mit Kriminalisierung rechnen. Nicht selten sind es sowieso die Kinder, die stören, geboren oder ungeboren – der Unterschied verschwimmt immer häufiger. Immer mehr (oftmals gerade die „Väter“: sie beteiligen sich daran durch Aufkündigung der Solidarität mit der Geschwängerten) entsorgen die Kinder durch die Beendigung der Schwangerschaft („unterbrechen“ sagen wir – uns entlastend –, wie wir ja auch wortbehübschend von „Töten aus Mitleid“ und vom „schönen Tod“ der Euthanasie reden, wenn wir Sterbende „entsorgen“). Manche entledigen sich der doch Geborenen, indem sie ihnen statt Liebe und Zuwendung „Freiheit“, „Fernsehen“, „Schokolade“, „Spielzeug“ und „Tageshorte“ geben. (Ich übersehe dabei nicht, daß solche Orte für Kinder auch eine andere Bedeutung haben: Einzelkinder kommen unter Gleichaltrige, Alleinerziehenden wird das Überleben ermöglicht.)

Das Überflüssigwerden im Überfluß ist nicht die einzige Solidarherausforderung der Zukunft. Die weltweite Migration wird ohne weitreichende Solidarität unlösbar bleiben. Die Neuverhandlung in der Verteilung der Lebenschancen zwischen Frauen und Männern verlangt nach solidarischen Männern (Walter Hollstein). Die Mitwelt werden wir nur dann bewahren und zudem als bewohnbaren Lebensraum jener nächsten Generation erhalten, von der wir die Welt nur geliehen haben, wenn wir mit ihr solidarischer verfahren. Vor allem wird es morgen keinen Frieden geben, wenn wir nicht die Welt für alles Leben bewohnbar erhalten. Denn wer wird uns dann davor bewahren, daß wir das atomare Potential einsetzen zur Verteidigung oder Ausweitung von Lebensraum: also für atembare Luft, trinkbares Wasser, nicht kontaminierte Erde?

ZWISCHEN WÜNSCHEN UND KÖNNEN
(Solidaritätsvorrat)

Wem klar ist, daß wir ohne belastbare Solidarität die anstehenden Herausforderungen nicht freiheitlich meistern werden, wird sich umsehen, ob wir in unseren Gesellschaften das haben, was wir brauchen. Wie groß ist also der Vorrat an belastbarer Solidarität in unseren modernen Freiheitskulturen?

Nun gibt es in dieser Hinsicht schon lange Zeit hörbare Kassandrarufe von Wissenschaftlern, Religionsführern, Ökologen, Politikern. Es ist üblich geworden, Entsolidarisierung lautstark zu beklagen. Von Egomanie ist die Rede.

In der Krise stecke aber heute nicht nur die persönliche Solidaritätsfähigkeit. Auch die organisierte Solidarität, der Sozialstaat, sei unfinanzierbar geworden. Wenn dieser schon nicht gänzlich abgebaut werden müsse und auch nicht dürfe, so stehe doch ein einschneidender Umbau bevor.

Wie steht es aber wirklich um den Vorrat an belastbarer Solidarität in unserer modernen Kultur? Eine in Österreich in den neunziger Jahren durchgeführte Studie erlaubt uns Unterscheidungen, die zwar nicht beruhigen, aber Auswege sichtbar machen können.

Zunächst die gute Nachricht: Zum guten Selbstbild der meisten Menschen gehört Solidarität. So meinen 85%, das Wichtigste, was Kinder lernen müssen, heißt teilen können. Aus dem Spitzenerziehungsziel Gehorsam ist also das Wunscherziehungsziel Solidarität geworden. Kurz: Die Menschen sind nicht unsolidarisch, zumindest ist Solidarität ein Merkmal, das sie sich voneinander wünschen. Ein ungenütztes Hoffnungspotential?

Andere Ergebnisse führen uns weiter. So zeigt sich, daß die Bereitschaft zur Solidarität eng an Raum und Zeit gebunden ist. Je weiter die Solidarität reichen soll (z. B. Entwicklungshilfe, Ausländer), um so weniger ausgeprägt wird sie. Je näher sie einem bestimmten Menschen ist (z. B. Familie, Kinder, „kleine Lebenswelt"), um so stärker ist sie. Manche meinen allerdings, daß diese „Mikrosolidarität" in den „kleinen Lebenswelten" eher schon ein verbrämter kleinbürgerlicher, angstbesetzter Gruppenegoismus ist.

Keine Frage: Mit dieser Mikro- oder auch Nahsolidarität allein werden wir die großen Zukunftsherausforderungen nicht bestehen. Unsere Solidarität muß räumlich wie zeitlich weiter werden. Denn auch die Abhängigkeiten haben längst Weltmaß erreicht und umfassen die kommenden Generationen: „Mehr als in der Vergangenheit werden sich die Menschen heute dessen bewußt, durch ein gemeinsames Schicksal verbunden zu sein, das man geeint gestalten muß, wenn die Katastrophe für alle vermieden werden soll" (Johannes Paul II., *Sollicitudo rei socialis,* Rom 1987, Nummer 26). Wir brauchen daher vor allem Menschen, deren Solidarität eine große Reichweite hat, eine entgrenzte, „universelle Solidarität".

Dramatisch ist aber schließlich die Beobachtung, daß die Bereitschaft zu konkretem solidarischen Handeln in der Bevölkerung niedrig ist. Offenbar bleibt der Wunsch auf dem Weg zum Handeln auf der Strecke.

Das ist eine Beobachtung, die sich in der großen Europäischen Wertestudie aus dem Jahre 1991 auch hinsichtlich anderer moralischer Werte gezeigt hat. Europa ist nicht unmoralisch. Die Menschen wissen weithin, was gut und richtig wäre. Aber ihr konkretes Handeln hinkt angesichts der jeweiligen komplizierten Situation vielfach dem moralisch Erwünschten hinterher. Es ist dies eine alte Erfahrung, die der Bibel nicht fremd ist. Der große Europäer Paulus aus Tarsos beklagt, daß er das Gute, das er will, nicht tue, hingegen das Böse, das er nicht wolle, tue er: *Ich unglückseliger Mensch,* so spitzt er seine Klage zu (Röm 7,15–25). Das scheint auch für die Solidarität in Europa zu gelten: Sie ist stark im Modus des Wünschens, aber schwach im Modus des Tuns. Wir wünschen sie, bringen sie aber allzu oft nicht zustande.

Unsolidarische Politik aus Angst vor Machtverlust
(Solidardilemma)

Diese Kluft zwischen dem Wünschen und dem Können erzeugt ein ebenso tragisches wie unnötiges Dilemma. Es ist tragisch: treibt es doch faktisch viele politisch Verantwortliche vor die Alternative, entweder an der Macht zu bleiben oder solidarische Politik zu machen. Angesichts dieses Dilemmas entscheiden sich Machthaber häufig genug für die unsolidarische Politik. Deutlich wird das in der Ausländerfrage. Ähnliches aber geschieht, wenn es um die Balance zwischen der Erwerbsarbeit und der

Familie geht oder zwischen Ökonomie und Ökologie.

Um nicht mißverstanden zu werden: Machterhalt ist ein legitimes und politisches Ziel. Was wäre auch der Sinn einer Partei, ihrer Visionen und Strategien, wenn sie keinen Willen zur Gestaltung des Zusammenlebens hätte. Nicht der Machterhalt ist daher das Fragwürdige, sondern der Umstand, daß dieser der solidarischen Politik vorgereiht wird.

Dabei müßte es doch möglich sein, so viel politisches Bewußtsein in den Menschen zu fördern, daß sie gerade jene Partei an der Macht sehen möchten, die ihnen mit Hilfe einer solidarischen Politik die Zukunft offen hält. Eben dazu gäbe es eine gute Grundlage: nämlich den Wunsch der Menschen nach Solidarität. Faktisch wird in der Politik aber nicht mit dem Wunsch gewirtschaftet, sondern mit dem durchaus auch vorhandenen Unvermögen.

Das hat nicht nur zur Folge, daß solidarische Politik unterbleibt. Ungenützt verstreicht auch die Chance, daß Politik pädagogisch wirkt. Unsolidarische Politik verbraucht nämlich auch noch die geringen Solidarreserven einer Kultur. Solidarische Politik hingegen könnte gerade den Vorrat an belastbarer Solidarität mehren.

ENTÄNGSTIGUNG STATT APPELL
(Solidarmehrung)

Damit sind wir schon vor jene Frage geraten, die für die nächsten Jahre, wollen wir sie in Gerechtigkeit, Frieden und Freiheit verbringen, entscheidend sein wird: Wie läßt sich der Vorrat an belastbarer Solidarität mehren? Genauer: Wie kann bewirkt werden, daß der Wunsch nach Solidarität mehr solidarisches Handeln zeitigt?

Zunächst wieder die Analyse des Solidaritätsvorrats in der österreichischen Kultur. Hier wurde die Frage verfolgt, warum die einen solidarischer handeln als die anderen. Die sorgfältigen Analysen haben einige wichtige Hindernisse wie Fördernisse ans Licht gehoben. Hinderlich sind, auf einen knappen Nenner gebracht, vielgesichtige Ängste. Förderlich hingegen alles, was diese Ängste an der Wurzel der Seele mindert.

Hinderlich ist beispielsweise die Angst, ichschwach unterzugehen, wenn man solidarisch ist. Es ist jenes vertraute Gefühl bei Helfenden, so ausgenutzt zu werden, daß sie dabei selbst zugrunde gehen. Solidarität braucht daher ichstarke Menschen. Selbstlosigkeit verlangt nach selbstsicherem Selbst. Wie soll man auch selbstlos sein, wenn da kein Selbst ist, das man los sein kann?

Solidaritätshinderlich ist sodann die Angst vor dem eigenen Minderwert. Diese Angst kommt darin zum Ausdruck, daß jemand über Güter und Karriere diesen fehlenden Selbstwert wettzumachen sucht. Im Umkreis solcher Selbstwertjagd hat es Solidarität schwer.

Am meisten entsolidarisiert die Angst, in einem knappen Leben zu kurz zu kommen. Das trifft den Nerv moderner europäischer Kulturen. Sie sind gezeichnet von einer angestrengten Diesseitigkeit. Die Pädagogin und Soziologin Marianne Gronemeyer hat jüngst dafür das Bildwort vom „Leben als letzte Gelegenheit" gesetzt. Die Folgen solchen Lebens liegen auf der Hand. Es bringt intensives Leben, mindert unnötiges Leiden. Zugleich aber wird Leben inmitten der „Vertröstung auf das Diesseits" immer schneller, hastig, anstrengend, angstbesetzt, unbarmherzig, überfordernd. Wir arbeiten uns zu Tode, amüsieren uns zu Tode, lieben uns zu Tode. Dazu kommt, so Gronemeyer, der ehrgeizige Wunsch, einmal Erreichtes festzuhalten. Ein Lebensstil „krampfhafter Selbstbehauptung" stellt sich ein (Gemeinsame Synode der Bistümer in der Bundesrepublik Deutschland, *Unsere Hoffnung*, 1975). Solidarität hat es da schwer.

Zweite Option: Für eine solidaritätsermächtigende Kirche

Stellt man all diese entsolidarisierenden Kräfte gleichsam auf den Kopf, dann eröffnen sich bereits Wege zum solidarischen Menschen. Er ist ichstark, hat ein gutes Selbstwertgefühl und kann sich, weil seine Welt räumlich wie zeitlich weit ist und er auch die Gnade hat, über den Tod hinaus zu hoffen, in diesem Leben mit Fragmenten des Glücks abfinden. Die Chance zum solidarischen Teilen wächst.

Auch personbezogene Religiosität solidarisiert – so die Studie. Sie vermag dies um so mehr, je mehr sie in einer ichstarken und selbstsicheren Person verankert ist und vernetzt gelebt wird. Das führt dazu, daß die Solidarlandkarte in Österreich weithin ähnlich ist der Landkarte religiöser Gemeinschaften. Wer also jene sozialen Orte aufsuchen will, an denen er überdurchschnittlich viele solidarische Menschen antrifft, stößt vor allem auf die kirchlichen Lebensräume. Das Land wäre ohne die Kirchen ärmer.

Vermag vernetzte Religiosität solche solidarisierende Wirkung deshalb zu bewirken, weil sie den Menschen an der Wurzel seiner Seele entängstigt? Sollte wirklich eine der wichtigsten Segnungen der Religion darin bestehen, wie Eugen Drewermann schrieb, daß der Mensch aus dem „Bannkreis der Angst“ in den „Umkreis des Vertrauens“ gerät? Könnte also Religion über den Weg der Entängstigung, der Angstminderung zur Mehrung von Solidarität beitragen? Und könnte das, was hier mit Begriffen der Psychologie als Entängstigung eingefangen wird, theologisch als Gnade bezeichnet werden?

Solches Fragen setzt freilich die gängige Kirchenpraxis in ein Zwielicht. Wird da nicht allzu oft mit ethischen Appellen der Christ in Richtung Solidarität mobilisiert? Und wird dann womöglich noch Angst, diesmal jenseitige, hinzugefügt, um den Erfolg zu sichern?

Es scheint klar: Ethische Appelle allein machen kaum solidarischer. Das ist auch verständlich. Wenn es nämlich stimmt, daß der Wunsch nach Solidarität wegen vielgesichtiger Angst auf der Strecke bleibt, dann muß der Appell nutzlos bleiben. Denn Angst lähmt. Was aber hilft es einem Lahmen, wenn man ihm befiehlt, schneller zu laufen? Was also zu suchen ist, sind Wege der Heilung von der Angst.

Solche Heilung geschieht wohl nicht durch den erhobenen Zeigefinger, sondern durch „Mystik“, durch die man im Geheimnis Gottes daheim sein, Geheimnisbewohner werden kann. Sie macht frei, über den Tod hinaus zu hoffen, noch mehr, sich jetzt schon in Gottes Hand geschützt zu wissen. Entsolidarisierende Lebenshast, rastlose Suche nach symbolischem Selbstwert über Güter und Karriere, am anderen vorbei, vielleicht auf dessen Kosten, wird nicht mehr als vordringlich gewertet. Vor allem ist die Angst, das Leben könnte die letzte Gelegenheit sein, prinzipiell gebrochen. „Die Hoffnung auf Auferweckung kann uns freimachen von einem Lebensstil krampfhafter Selbstbehauptung", so noch einmal im Hoffnungstext der Gemeinsamen Synode 1975 in Deutschland.

Vor diesem Hintergrund muß die Option für eine solidaritätsmehrende Kirche nicht mehr sonderlich beworben werden. Kirchen gehören, und zwar auf Grund ihrer Fähigkeit, von einem Leben allein auf dieser Erde und damit von einer folgenreichen Vertröstung auf das Diesseits freizumachen, zu jenen gesellschaftlichen Kräften, die kulturell eine gute Voraussetzung für belastbare Solidarität schaffen können.

Dabei sollten die Kirchen all jene Kräfte konzertiert (auf dem eigenen Boden, in Zusammenarbeit mit anderen gesellschaftlichen Kräften wie Familien, Bildungseinrichtungen ...) fördern, die Solidarität begünstigen. Solche sind: Ichstärkung, Förderung des Selbstwerts, Ausweitung jenes Raumes und jener Zeit, in der sich ein Mensch daheim fühlt, nach Möglichkeit über den Tod hinaus.

Gewiß, Kirchen werden all das zunächst nicht bei Kirchenfremden bewegen. Die eigenen Mitglieder und das Tun ihrer Einrichtungen sind die ersten Adressaten für Mehrung belastbarer

Solidarität. Es braucht daher Kirchen, die sich nicht in bürgerlicher Bequemlichkeit und Sattheit ergehen, sondern deren Markenzeichen jene Diakonie ist, die im Umkreis wahren christlichen Glaubens eine gute Chance hat. Mit anderen Worten: Die Kirchen müßten aus ihrer unverbrauchten Tradition heraus wieder neu lernen, daß ihre Stärke das Wechselspiel von Gottes- und Nächstenliebe ist.

Dritte Ent-Täuschung: Der offene Himmel

Vertröstung aufs Jenseits

Lange Zeit hindurch hat man den christlichen Kirchen vorgeworfen, sie würden die Menschen von der Erde und ihren Ungerechtigkeiten ablenken und auf das Jenseits vertrösten. Opiatartig, so Karl Marx. An diesem Vorwurf mag viel Wahres dran sein. Weltflüchtige, knieschwülstige, oder wie nach dem Freiburger Katholikentag 1979 Beobachter formuliert haben: „hallelujaschlümpfige“ Formen des Christentums gab es immer, und zwar nicht nur in den Sekten, sondern auch als doppelgesichtige Strömungen inmitten der Großkirchen.

Doch heute kann man den Kirchen selbst diesen Vorwurf nicht mehr machen. Auch sie sind jenseitsverschwiegen geworden. Das Thema des Sterbens ist in die psychologische Medizin (Raymond A. Moody, Elisabeth Kübler-Ross) abgewandert. Das Leben nach dem Tod wird esoterisch oder asiatisch in der Gestalt der Reinkarnation verhandelt: Immerhin 21% auf dem traditionell christlichen europäischen Kontinent glauben an die Wiedergeburt. Auch in den Predigten werden die „Letzten Dinge" verschwiegen. Damit ist zwar das Thema aus der kulturellen Oberfläche, nicht aber aus den Menschen verschwunden. Die Leute bleiben mit ihren Fragen allein und müssen sich außerhalb der Kirchen behelfsmäßig nach Antworten umsehen und sich ihre Ansicht basteln.

So wenig also die Kirchen heute eine Vertröstung auf das Jenseits verschulden, so massiv ist im Gegenstück dazu (ja vielleicht gerade deshalb) die unserer Kultur innewohnende Vertröstung auf das Diesseits.

Vertröstung aufs Diesseits

Uns Heutigen ist weithin der Himmel verschlossen. Nur 37% der Europäer (aber 80% der Nordamerikaner) glauben, daß es ihn gibt. Wir tun uns schwer mit dem Gedanken, daß unser Lebensziel darin besteht, einst „in den Himmel zu kommen". Sicher ist sich von Europas Bewohnern nur ein Drittel, daß mit dem Tod alles zu Ende ist. Aber für die Lebensführung auf der Erde, vor dem Tod, spielt das Wissen um den Himmel kaum eine Rolle.

Unser Alltagsleben ist vielmehr von zwei Positionen geprägt: Erstens sind wir hinter dem maximalen und möglichst leidfreien Glück her. Zweitens merken wir, je glückserfahrener wir sind, daß immer weniger in Erfüllung geht, als wir wünschen. Wir leben mit einem ständigen Überschuß an Glückswünschen. Offenbar passen unsere Wünsche nicht in Raum und Zeit, sondern ufern ständig aus. Typisch menschlich, so sagen seit alters die Philosophen, weil charakteristisch für den Menschen ist, daß er Raum und Zeit als solche wahrnimmt und damit auch zu überschreiten („transzendieren") vermag.

Religiöses Zwischenspiel

Frühere Generationen, vom Christentum durchformt, konnten sich damit sehr wohl abfinden. Sie erklärten sich diesen utopischen Überschuß, der gerade intensiv gelebtem menschlichen Leben zu eigen ist, religiös. Für sie war es klar, daß der Mensch eben nicht für die Erde geschaffen ist, sondern sie lediglich durchwandert wie ein „Fremdling", in der „paroikia" lebend (wovon das Wort der Pfarre kommt). Heinrich Böll soll daher vor seinem Tod auf die Frage, wie es ihm in seinem Leben auf Erden ergangen sei, gesagt haben: Ein wenig fremd bin ich mir immer vorgekommen.

Religiöse Lebenskultur verstand daher das Menschenleben als eine „Himmelspilgerschaft". Und spirituell wurden dem Menschen in erbaulichen Schriften „Himmelsschlüssel" übereignet, um sich den Himmel erschließen zu können. „Lehre uns, im Varieté dieser Welt unsere Herzen dort festzumachen, wo die wahren Freuden sind", so lernen Christinnen und Christen bis zum heutigen Tag beten (21. Sonntag im Jahreskreis).

Solches himmelwärts gerichtetes Leben mag gewiß zeitweise zur Vertröstung aufs Jenseits verkommen sein. Doch zugleich konnte es auch erklären und entlasten. Erklärt wurde nämlich, warum der Mensch auf Erden immer mehr wünscht, als sich Wünsche erfüllen. Entlastet wurde er zudem, weil er sich damit abzufinden lernte, daß viele Wünsche offenbleiben und gerade das einen Sinn haben kann: als Ahnung von einem Leben, das noch aussteht und das Gläubige „ewiges", also schlechthin sinnvolles Leben nennen.

Wer ist zu solcher Lebensdeutung heute noch fähig? Welche Kirche lehrt sie in aller entlastenden Einfalt? Wer kann sich an sie halten? Es sind wenige, und doch scheint so etwas zu wachsen wie eine verborgene Sehnsucht danach, daß das Leben auf dieser Erde am Ende doch nicht alles gewesen sein kann. Unbeholfen suchen deshalb nicht wenige Verlängerung. Sie deuten dazu die asiatische Erlösungslehre tiefgreifend um. Denn fromme Asiaten wollen ja aus dem Kreislauf, wiedergeboren werden zu müssen, heraus. Europäer aber wollen hinein. Eine merkwürdige und doch nur allzu verständliche Art von Seelenrecycling, ausgelöst durch ungestillt gebliebenen Lebenshunger, wird erhofft. Nicht der Himmel tut sich dann auf, sondern lediglich Verlängerung der Erde findet statt. Es ist brüchige und letztlich vergebliche Hoffnung unter dem verschlossenen Himmel.

Leben unter dem verschlossenen Himmel

Wir haben für solches Leben unter dem verschlossenen Himmel auch bereits eine „Kultur" entwickelt. Zunächst möchten wir, daß es maximales Glück und minimales Leid bringt. Glücksoptimierende wie leidvermeidende Lebensstrategien werden laufend entwickelt. Notfalls helfen wir nach, das Paradies durch Glücksdrogen chemisch zu erzeugen. Wir versuchen auch, „gutes" Leben maximal zu verlängern. Von „ungutem" Leben hingegen trennen wir uns, durch Veränderung, Trennung und Scheidung, notfalls auch durch Euthanasie. Zugleich halten wir uns alles fern, was unserer Meinung nach unser erkämpftes gutes Leben bedroht: Kinder, Behinderte, Ausländer, Aids-Kranke, Ungeborene lassen wir nicht in unser Leben, fürchtend, daß diese uns auf dem Weg unserer Glücksmaximierung behindern. Wir waren in den letzten Jahrzehnten mit der Optimierung von Glück und der Beseitigung unnötigen Leidens ziemlich erfolgreich.

Allerdings mußten wir und müssen auch andere für diese Lebensstrategie einen hohen Preis bezahlen. Wir mußten lernen, Schattenseiten in Kauf zu nehmen. Diese haben inzwischen ein Ausmaß angenommen, daß der Zweifel, ob das Leben unter dem verschlossenen Himmel wirklich auf die Dauer ein guter Weg ist, wächst.

Unser Leben wurde zunächst beschleunigt. Wir haben versucht, das maßlose Wünschen durch das Aneinanderreihen vieler mäßiger Erfahrungen zu beruhigen. Die Beschleunigung hat nahezu alle uns wichtigen Lebensbereiche erfaßt: die Liebe, die Arbeit und das Amüsement. So finden immer weniger im Lauf ihres Lebens mit einer Ehe das Auslangen. Konsekutive Polygamie ist zum Normalfall in Europa geworden. Es ist ja auch einem endlichen Menschen unmöglich, für die unendliche Sehnsucht einzustehen. Nicht möglich ist es, trotz aller Versprechungen, dem anderen in der Liebe den Himmel auf Erden zu schenken. Was möglich ist, sind lediglich Spuren des Himmels, die insbesondere in jenen Momenten aufblitzen, die wir Feste der

Liebe nennen sollten. Und diese sind selten. Nur dreimal im Leben wackelt die Erde, so die weise Zigeunerin zum liebeshungrigen Soldaten in Ernest Hemingways „Wem die Stunde schlägt". Wie sehr uns heute die Schnelligkeit zu schaffen macht, zeigen die vielen Ratgeber, die Langsamkeit preisen und selbst schwerfälligen kirchlichen Organisationen Entschleunigung als Therapie vorschlagen. Aber kann uns solch stoischer Appell wirklich helfen? Was hilft es denn auch unserer maßlosen Sehnsucht, wenn wir ihre begrenzte und daher stets unbefriedigende Beruhigung langsamer suchen?

Die Schnelligkeit, die nicht selten in rastlose Hast umkippt, ist oft gepaart mit hohem Sicherheitsstreben. Wir halten krampfhaft fest, was wir einmal an Glück erworben haben. Das schmälert auch unseren inneren Wunsch, ein guter und daher solidarischer Mensch zu sein, der Glück und Güter mit anderen teilen kann. Krampfhafte Selbstbehauptung breitet sich aus: Aus Angst geborene, unbezogene Selbstverwirklichung wird zum Normalfall.

Leben unter dem verschlossenen Himmel kann sodann leicht erbarmungslos werden. Die Welt, die Menschen um uns, ja wir selbst werden um des Glücks willen ausgebeutet, benutzt. Dabei ist eine der treibenden Kräfte für diese Erbarmungslosigkeit eben der Wunsch, das erdhaft-irdische Glück zu optimieren. Kein Mensch kann aber maßloses Glück bieten. Gemessen an unserem Glückshunger ist die Welt und ist jeder endliche Mensch in ihr immer eine Nummer zu klein. Roman Bleistein fordert deshalb als Notmaßnahme die Tugend des Erbarmens: „In ihr vergebe ich dem anderen, daß er mein Gott nicht sein kann.“ Wer vermag aber solches Erbarmen im Umkreis seines angestrengten biographischen Powerplays aufzubringen?

Kein Wunder, daß unsere Lebenshast in verhaßte Anstrengung, ja Überforderung der anderen und unser selbst münden kann. Von ihr ist dann der Schritt in die depressive Resignation nicht mehr weit. Dann fangen Menschen an, nicht mehr das maßlose Glück zu suchen. Sie richten sich vielmehr inmitten des Mäßigen ein. Sie leiden nicht mehr an ihren unerfüllten Wünschen, sondern bewegen sich in Richtung des wunschlosen Unglücks (Peter Handke). Es heißt dann: Der Sinn des Lebens besteht darin, das Beste herauszuholen. Und: Der Tod ist der natürliche Ruhepunkt. Das war es dann eben.

So viele Sonnenseiten also Leben unter dem verschlossenen Himmel haben kann: es hat auch seine eigene Last. Was Wunder, wenn sich dann immer mehr Menschen zumindest die Frage stellen, was alle wohlgemeinte Therapie hilft, die uns behilflich sein will, es unter dem verschlossenen Himmel auszuhalten. Was nützen Entschleunigungstrainings, was nützt der Rat zum Erbarmen, was nützt das stoische Einverstandensein mit dem mäßigen Glück, wenn dabei das auf der Strecke bleibt, was den Menschen an den Wurzeln seiner Seele ausmacht: maßlose Sehnsucht, von der die erfahrenen Gottgelehrten sagen, es sei die Sehnsucht nach Gott und damit seinem Himmel?

Vor einigen Monaten hatte ich eine Einladung nach Bonn, um im Münstersaal einen Vortrag zu halten. Ich bin dort Stammredner. Getragen von meinen Analysen zum Leben unter dem verschlossenen Himmel habe ich als Thema vorgeschlagen: „Lohnt es sich, für den Himmel zu leben?“ Ich hatte noch nie so viele Zuhörende bei einer meiner Veranstaltungen in Bonn wie an diesem Abend. Ich schließe daraus: Wir haben längst noch keine Sicherheit, was den Himmel betrifft. Aber die Zweifel, ob das Leben unter dem verschlossenen Himmel die letzte Möglichkeit für unsere glückshungrige Seele ist, wachsen.

Dritte Option: Für eine Kirche, die den Himmel offen hält

In den kirchlichen Gründungsurkunden wird vom gewaltsamen Tod eines der ersten Christen berichtet. Er war als Diakon zum Dienst an den Armen bestellt. Zugleich muß er ein wortgewaltiger Mann mit großer Überzeugungskraft gewesen sein. Seinen brillanten Argumenten waren seine Gegner nicht gewachsen. Sie setzten gegen die Kraft seiner blendenden Rede nackte Gewalt. Steine flogen. Stephanus, so der Name des Gemordeten, hatte in dieser Stunde nicht nur Worte der Vergebung für seine Mörder. Ein Satz wird von ihm berichtet, der uns Heutige seltsam anmuten und doch entengen mag: *„Ich sehe den Himmel offen und den Menschensohn zur Rechten Gottes stehen"* (Apg 7,56). Eine eigenwillige Abfolge ist zu erkennen: Dienst an den Armen – nicht gesuchter Tod – offener Himmel – Menschensohn – Gott.

Die Gottesschule der Armen

Ein verläßlicher Weg der Gottesannäherung wird uns vorgezeichnet. Am Beginn steht der Umgang mit den Armen. Sollte Gott in der abgeschotteten Sattheit bürgerlich-reichen Lebens nur schwer aufzuspüren sein? Schon eher nähert man sich ihm unter den Leidenden, den Armgemachten. Wem klingt nicht Jesu Wort im Ohr: *„Was ihr dem Geringsten der Meinen getan habt ..."* (Mt 25). Sollten also die Christinnen und Christen in den Armenhäusern der Welt recht haben, daß Gott selbst eine Vorliebe für die Armen hat? Eine Vor-Liebe für sie? Kann man es der bemerkenswerten Frau mit dem ihr gegebenen würdevollen Namen „Mutter Teresa" abnehmen, daß ihr Gott in den Sterbenden auf den Straßen von Kalkutta zumindest ebenso fühlbar nahe ist wie in der diskreten Anbetung des Verborgenen vor dem „Allerheiligsten" in der Stille des Kirchenraums? Man mag rätseln, warum die Leidenden, die Armen, die Armgemachten, die Gescheiterten, jene am Rand, ein derart privilegierter Ort der Gottannäherung sind. Könnte es damit zu tun haben, daß die Armen unser verschlossenes Herz zu öffnen vermögen? Und daß dann, wenn es sich einmal in selbstloser Weise auf einen Menschen hin öffnet, es auch schon auf den Himmel hin offener ist? Zumindest weitet sich das kleine, angstbesetzte Ich. Öffnung geschieht, Anfang der Gottsuche.

Noch einmal, anders gesagt: Was sich bildet, ist nicht weniger als Liebe. Gewiß, hin zu einem Menschen, zumal einem, der es nicht leicht hat in seinem Leben. Trägt aber nicht jede Liebe zu einem Menschen den Keim der Gottesliebe in sich? Ein mißverständliches Wort, das nur allzu oft auch mißbraucht wurde. „Den Menschen um Gottes willen zu lieben" kann ja auch heißen, den Menschen in der gesuchten Gottesliebe zu umgehen. Auf solchem Abweg wird aber alle Liebe zerstört.

Umgekehrt: Wo aber immer ein Mensch um seiner selbst willen geliebt wird: Ist das nicht schon etwas von der ganz eigenen Liebe zu Gott? Vielleicht gar deshalb, weil Gott mit jedem zutiefst solidarisch, ja in ihm anwesend ist. Welch eine kühne Behauptung, wenn der große Mystiker Paulus antik aufgeklärten Städtern in Athen sagt: *„In Ihm leben wir, bewegen wir uns und sind wir“* (Apg 17,28)!

Der Lehrmeister Tod

Dann, als nächster Schritt der Gottannäherung: der im Angesicht des Todes – eines geliebten Menschen oder des eigenen – sich öffnende Himmel. Vielleicht ist uns Heutigen der Himmel auch deshalb so fern und verschlossen, weil wir mit dem Tod auf „Kriegsfuß“ stehen. Wir verharmlosen ihn im alltäglich in den Medien inszenierten Tod. Wir verdrängen ihn aus unserem Alltagsleben. Wir versuchen ihn medizinisch zu besiegen. Mißlingt uns dies, trachten wir, ihm zuvorzukommen und geben uns selbst den von uns gewählten „guten Tod“ (Eu-Thanasie). Doch selten stellen wir ihm uns ohne Angst und machen ihn (wie Franz Schubert in seinem ergreifenden Stück „Der Tod und das Mädchen“ in langem Ringen) zu unserem Freund und Lehrmeister. *Uns're Tage zu zählen lehre uns. Dann gewinnen wir ein weises Herz* (Psalm 90,12). Mangelt es uns deshalb – bei allem Wissen – an solcher tiefer Lebensweisheit, die wir auch Lebenssinn nennen könnten?

Den Tod zum Lehrmeister zu nehmen, das

könnte uns in der Tat weiser machen. Natürlich ahnen wir, daß die uns zugemessene Zeit knapp ist. Wir gleichen einem Vogel, der in einen Raum fliegt – wer weiß, woher – und diesen wieder verläßt – wer weiß, wohin. Und fragen schließlich, was das für einen Sinn hat. Woher, wohin, warum das Ganze? Uralte Fragen der Menschheit. Von allen Religionen verhandelt. Und heute in die Träume verdrängt. Das kulturelle Wachbewußtsein läßt uns für solche Fragen nur wenig Chancen. Aber tauchen sie nicht immer häufiger auf? Wenn ein geliebter Mensch vom Tod überrascht wird? Wenn wir merken, wie die Zeit immer rascher vergeht, jedes Jahr kürzer zu sein scheint und wir tief in uns etwas von einem Ankommen ahnen? Aber wo, bei wem? Lohnt es sich da nicht neu auszugraben, was unzählige Generationen von Menschen an Deutungen und Bildern gesammelt haben und was gerade die großen Weltreligionen in erstaunlicher Einmütigkeit lehren?

Und das gehört zu diesem gemeinsamen Gut gerade der alten Religionen: Der Tod ist nicht das letzte Wort. Vielmehr paßt zu ihm das sanfte Bild einer Geburt, hinein in ein Leben mit neuer, letztlich unvorstellbarer Qualität. Dieses andere Leben wird selbst wieder in allen Sehnsuchtsfarben gemalt und mit den alten Sehnsuchtsbildern des Paradieses und des Himmels versehen. „. . . daß hinter uns der Tod, weil vor uns nur noch die Liebe ist", so Dorothee Sölle in einem einfühlsamen Gedicht über die ersehnte Auferstehung.

Wortfetzen
Komm du komm
Schmerzweb mit Tränen besetzt
Berg- und Talfahrt
Und deine Hand
Wieder in meiner
So lagen wir lasest du vor
Schlief ich ein
Wachte auf
Schlief ein
Wachte auf
Deine Stimme empfängt mich
Entläßt mich und immer
So fort
Mehr also, fragen die Frager
Erwarten Sie nicht nach dem Tode?
Und ich antworte
Weniger nicht

Aus: Marie Luise Kaschnitz:
Ein Leben nach dem Tod

Es ist erstaunlich, daß gerade in der Dichtung moderner Frauen sich der Himmel auftut. Als Ahnung, als Wunsch wenigstens. Gut wäre es, gäbe es ihn, so höre ich da und dort Zeitgenossen sagen.

Die alten Religionen versehen dieses Ankommen im Tod freilich auch noch mit anderen Bildern. Die christkatholische Tradition kennt einen Reinigungsort, das Fegfeuer. Und dann steht im religiösen Raum das dunkel-bedrohliche Bild von der „Hölle“ und in seinem Umfeld jenes eines Teufels. Moderne Zeitgenossen können gerade mit Hölle und Teufel kaum etwas anfangen. Nur 21% der Menschen in Europa sind der Ansicht, daß es einen Teufel, und 19%, daß es eine Hölle gibt. Nach dem Fegfeuer hat sich erstaunlicherweise die Meinungsforschung gar nicht mehr erkundigt.

Schon besser Bescheid wissen wir hingegen über die Akzeptanz seiner asiatischen Variante: der Reinkarnation (Wiedergeburt).

„Wenn du das und das tust, kommst du in die Hölle.“ So sind Menschen in Europa jahrhundertelang auf den Weg moralischen Lebens gebracht worden. Die Hölle, was immer man sich darunter vorstellte, wurde aber als Instrument angstbesetzter, obrigkeitlicher Volkserziehung schließlich durchschaut und zu einer makabren Erfindung verniedlicht. Anders sah sie Jean-Paul Sartre, der vermeintlich Gottlose. Menschen „hinter verschlossenen Türen“, nur sich selbst überlassen – das ist die „Hölle“. Der Mensch, nur sich selbst überlassen: der Mensch ohne Gott? Auschwitz? Srebrenica, Bihac? Davor rette uns, o Herr, und davor, daß solche „Hölle“ womöglich einmal für immer auf Erden bleibt. Wer nicht die Greuel der Geschichte verniedlicht und verdrängt, der ahnt, daß Menschen „in alle

Ewigkeit verdammt sein können". Wenn sie nur sich selbst überlassen bleiben . . ., so die Religionen. Und deshalb beten sie: Rette, Herr, den Menschen vor dem Menschen! Also vor der Hölle, vor ewiger Verdammnis.

Es gebe die Hölle, so der unverdächtige katholische Theologe Hans Urs von Balthasar, auf dem Weg aus dem Leben noch zum Kardinal kreiert. Aber sie sei leer. Denn erstens habe sie eine Mystikerin seines Vertrauens, Adrienne von Speyer, leer gesehen. Und zudem sei es Gott zuzutrauen, daß er am Ende aller „Ewigkeiten" alle rettet. So in seinem feinfühligen und tiefschürfenden Spätwerk „Was dürfen wir hoffen". Und das Zweite Vatikanische Konzil verneint die Frage nicht, ob wir hoffen dürfen, daß Gott am Ende alle rettet.

Ich weiß schon, alle, die meinen, gut könne der Mensch nur angesichts der Hölle sein, werden es mit der Angst um die moralische Verfassung der Welt zu tun bekommen. Aber sind Liebende zueinander gut aus Höllenangst? Oder doch, weil die Liebe den Menschen heilt und gut macht?

Und der Teufel? Bestimmt sind viele Bilder verschroben. Die Bibel hat einige durchaus interessante für ihn bereit: Ankläger, Verwirrer der göttlichen Lebensordnungen, also Diabolus. Wie auch immer, mich hat einmal der reformierte Theologe Heinrich Ott aus Basel mit der Aussage stutzig gemacht, daß es vielleicht doch nicht so übel wäre, gäbe es den Teufel als Mit-Urheber des Bösen. Denn gäbe es ihn nicht: Bliebe dann nicht alles Böse am Menschen allein hängen – die Gewalt der Männer gegen die Frauen, das mörderische Unrecht an den Armen, die todbringenden Kriege und noch einmal Auschwitz?

Bleibt noch das Fegfeuer, und seine asiatische Entsprechung, die Wiedergeburt. Beiden ist ja gemeinsam, daß der Mensch nur geläutert, also ganz („schalom") ins ewige Leben Eingang finde. Dieser Zustand sei aber vom Menschen kaum, vor allem nicht leicht zu erreichen. Bei allem Mühen verbleibe ein böses Restkarma, das in einem weiteren Leben abzubüßen sei, so die asiatische Vorstellung. Das Christentum geht diesen Weg menschlicher Erlösungsanstrengung nicht. Es kennt vielmehr einen Reinigungsvorgang („purgatorium"), durch den der unfertige Mensch hindurch müsse.

Auch dieses Erlösungsbild wurde im Lauf der Christentumsgeschichte arg ramponiert und volkserzieherisch weidlich genützt. Klassisches Beispiel: Dantes „Göttliche Komödie". Zudem haben finanzbegabte Kirchenmänner erkannt, daß sich mit dem Fegfeuer außerordentlich erfolgreich Fundraising für den Bau des Petersdomes und andere kirchliche Projekte machen lasse. Geld für Abkürzung der ausgemalten Qualen vor allem der lieben Angehörigen. Die Reformatoren hat diese findige Verquickung von Seelsorge und Geldsorge erzürnt. Das Fegfeuer wurde aus dem Katalog protestantischen Glaubensguts gestrichen. Ersatzlos. Leider wurde damit das Kind mit dem Bad ausgeschüttet. Mit der Beseitigung des Mißbrauchs wurde, wie so oft in der Religionsgeschichte, auch die gute Botschaft vernichtet: Gott gibt mir das Recht, unfertig, als Fragment in den Tod zu gehen und bei ihm anzukommen. Im Tod aber falle ich hinein in das ausheilende „Feuer" seiner Liebe: *Das Werk eines jeden wird offenbar werden; jener Tag wird es sichtbar machen, weil es im Feuer offenbart wird. Das Feuer wird prüfen, was das Werk eines jeden taugt. Hält das stand, was er aufgebaut hat, so empfängt er Lohn. Brennt es nieder, dann muß er den Verlust tragen. Er selbst aber wird gerettet werden, doch so wie durch Feuer hindurch* (1 Kor 3,13–15). Gott selbst, und nicht die Anstrengung wiederholter Leben, wird uns ganz, heil, schalom, und damit paradieses- und himmelsfähig machen. Fegfeuer als Moment der großen Hoffnung, daß Gott – im Zusammenspiel mit unserer Freiheit – mit seiner Schöpfung (und darin jede und jeder von uns) an ein gelungenes Ende kommen wird?

Der Menschensohn

Auf dem Weg von den Armen, denen Stephanus diente, und über die Erfahrung des im Tod geöffneten Himmels stößt der Märtyrer auf den „Menschensohn zur Rechten Gottes“. Sollte also der Weg in die bergende und rettende Nähe Gottes über Jesus von Nazareth führen, der sich selbst als dieser „Menschensohn“ bezeichnet hat? Niemand außer ihm hat Gott je gesehen, so die heiligen Schriften der Christen. Er aber gibt uns Kunde von ihm, über ihn erfahren wir, wie Gott zu uns ist, und können uns damit weiter vorantasten in der Frage, wer Gott ist.

Nun ist Gott mit Sicherheit kein Mann, so leid es uns Männer freut. Er ist auch keine Frau, wie im theologischen „Gegenschlag“ Theologinnen beschwören. Man sollte vielleicht Gott mit unserem Geschlechterstreit überhaupt in Ruhe lassen und zumindest in dieser Hinsicht der Religionskritik trauen. Sie verdächtigt nämlich den Menschen, daß er sich in seinen irdischen Feldzügen nur allzu schnell mit Gott „aufrüstet“, seine Interessen mit Gott immunisiert und damit selbst ungerechte Verhältnisse rechtfertigt und unangreifbar zu machen versucht. Und das zum Schaden der Menschen und zum Schaden Gottes gleichermaßen.

Gott ist mit Sicherheit anders. Und wenn ZeitgenossInnen in intellektueller Redlichkeit anfangen, Gott zu leugnen, dann lehnen sie zumeist einen Gott ab, den es – Gott sei Dank – so gar nicht gibt.

Und dennoch kann man beim „Menschensohn“, also einem mitten unter uns, in die Gottesschule gehen und erfahren, wie er zu uns ist. Gott, so kann man lernen, ist ein Freund des Lebens. Er ist dessen Quelle. Ist wie ein Gärtner. Ein guter Hirt, besorgt um Lebensraum und Lebensmittel. Er zürnt, wenn seine Fürsorge um die Schöpfung von menschlichen Interessen schändlich durchkreuzt wird. Und findet sich damit nicht ab. Mischt sich ein, um den guten Ausgang offenzuhalten. Er steht – uraltes Bild – zugleich am Anfang, um die Schöpfung in Gang zu bringen, und kommt ihr vom Ende her entgegen, um sie vollendend in Empfang zu nehmen. Wie eine unendliche Liebesgebärde ist Gott: Um sich selbst an jemanden zu verschenken, der er nicht ist, schafft er im Verströmen seiner Liebe den Adressaten seiner Liebe mit: die Welt und in ihr uns Menschen. Gott geht als der *unbeirrbar treue* (Dtn 32,4) mit uns den Gang durch die lange Geschichte, um uns zugleich als deren Vollender entgegenzukommen. All das bewirkt er durch seinen schöpferischen Geist.

Das Christentum geht freilich noch einen kühnen Schritt weiter. Es kennt nicht mehr die Geschichte des ewigen Fortschritts und des offenen Ausgangs. Vielmehr lehrt es, gestützt auf die Erfahrungen mit Jesus von Nazareth und dem wachsenden Verständnis des mit ihm Erlebten, daß die Geschichte bereits angefangen hat, an ihr unwiderrufliches und dazu gutes Ende zu gelangen. Gott ruht am Herzen der Welt, ist mit ihr liebend vereint, in einem von uns, Jesus von

Nazareth, dem Menschensohn. Und was mit ihm angefangen hat, so das Herzstück christlicher Botschaft, wird dieser an aller Welt zu Ende bringen. Deshalb singt die Christenheit in offener Kühnheit alle Ostern „nun ist die Welt gerettet“. Weil der Menschensohn nach seinem Tod am Kreuz hinabgestiegen ist in das Reich des Todes, sitzt von nun an im Herzen der Schöpfung nicht mehr der mächtige, bedrohliche Tod und mit ihm die Vergeblichkeit, sondern das Leben selbst: der auferstandene Herr Jesus. Er ist geworden das Herz der Welt. In ihm ist Leben und Heil.

Freilich kann solches Reden von Gott als naiv gelten und als seichtes „Gottesgeschwätz“ abgewertet werden. Manche werden es für anmaßend, andere für ärgerlich ansehen, daß auf dem Weg zu Gott Jesus von Nazareth unumgänglich ist.

Auch heute, wie einst vor den Intellektuellen auf dem Athener Areopag, werden es die christlichen Kirchen nicht leicht haben, von der Auferstehung Jesu und zudem von unserer Hoffnung auf Auferweckung zu reden. Aber sieht man von den menschlichen Bildern von „Leib und Seele“ ab, dann werden dennoch nicht wenige zumindest akzeptieren, daß der Tod nicht einfach das Ende sein wird. So sehr aber die Frage nach dem Tod im Christentum eine glaubhafte Antwort findet, so ratlos verbleibt es selbst vor der Frage des Leidens. Warum läßt Gott uns leiden: Diese Frage bleibt ohne befriedigende Erklärung an Gott selbst hängen. Gerade wir Christen können sie Gott nicht abnehmen: schon gar nicht im Blick auf Auschwitz, Srebrenica, Bopahl und Tschernobyl, Ruanda und Burundi.

Die tiefe Verwobenheit aller

Eine lange vergessene Wahrheit unserer modernen Kultur, die aber zur Zeit eine Renaissance erlebt, ist das Wissen um die Einheit aller in der Schöpfung. Wie sie in Vergessenheit geraten konnte, ist leicht zu erklären. Die große Entdeckung der Neuzeit war das Individuum. Um seine Freiheit, seine Selbstbestimmung wurde gekämpft. Grenzen wurden ihm allein an den berechtigten Ansprüchen der Individuen neben ihm gesetzt. Das Individuum wurde trainiert, mit anderen in Beziehung zu treten. Gelang solches nicht, blieb das Individuum in Freiheit mit sich allein, heroisch oder verzweifelt, jedenfalls einsam.

Nun gehören Freiheit und Einsamkeit gewiß zu den Grundmerkmalen des Menschen. Aber es gibt auch die andere, eben vergessene Seite. Die Esoterik entwickelt neuerdings ein Gespür für diese andere Dimension. Auch die grüne Ökologiebewegung hat eine diffuse Ahnung davon. Gewiß klingt es naiv, wenn da jemand sagt, es würde den Bedrängten anderer Kontinente helfen, wenn ich hier in unbedrängtem Leben an sie denke. Solches kann sogar zur hymnischen Ausrede dafür werden, daß wir ansonsten himmelschreiend ungerechte Verhältnisse verteidigen.

Doch lassen sich über diese tiefe Verwobenheit allen Lebens in der einen Schöpfung auch seriösere Gedanken entwickeln, die noch dazu der alten jüdisch-christlichen Tradition vertraut sind, aber in den letzten Jahrzehnten unter die individualistischen Räder gekommen sind.

So mahnt beispielsweise der Wanderapostel Paulus die noch junge und doch schon hochzerstrittene Gemeinde in Korinth (man erinnert sich an die Kirche bei uns), daß *wenn ein Glied leidet, alle Glieder mit ihm leiden* (1 Kor 12,26). Derselbe Mystiker Paulus kennt aber eine noch viel tiefere Schicht, die wir später in das strapazierte Bildwort von der „Erbschuld“ eingepackt haben und das heutige Theologie mit dem Hoffnungswort vom „Erbheil“ ergänzt hat (Hermann Stenger). Paulus im O-Ton: *Doch anders als mit der Übertretung verhält es sich mit der Gnade; sind durch die Übertretung des einen die vielen dem Tod anheimgefallen, so ist erst recht die Gnade Gottes und die Gabe, die durch die Gnadentat des einen Menschen Jesus Christus bewirkt worden ist, den vielen reichlich zuteil geworden.* (Röm 5,15).

Was Erbheil sein könnte, dazu bringt das Alte

Testament eine einleuchtende Erzählung (Gen 18,20–33). Da soll das verkommene Ninive von Gott vernichtet werden. Abraham, ein Freund Gottes, hat aber Mitleid mit der großen Stadt, in der hundertvierundvierzigtausend Menschen wohnen und noch dazu so viel Vieh (Jona 4,11). Also beginnt er, an Gottes Mitleid zu appellieren. Wenn aber, so trägt er Gott vor, in der Stadt vierzig Gerechte sein sollten, dann kannst du doch die Stadt nicht auslöschen. Werde ich nicht, kommt ihm Gott gleich entgegen. Durch derart rasche Zusage mißtrauisch gemacht, verringert Abraham die Zahl. Schritt um Schritt, herunter bis auf einen. Ein Gerechter genügt für die Rettung aller. Der eine aber: der Menschensohn, Jesus von Nazareth, einer von uns.

Ich beginne zu verstehen, daß die Welt gerettet ist. Einer ist durchgekommen. „Der Sieger führt die Scharen“, die vielen („polloi“), deren Zahl unzählbar ist. 144.000 ist die kabbalistische Symbolzahl für sie, die Unzählbaren, zusammengesetzt aus drei (die Zahl des Himmlischen) mal vier (die Zahl des Irdischen), und das (12 mal 12) miteinander und dann noch einmal mit tausend, der Zahl der Vollendung, multipliziert. Der Anfang in dem einen ist Anfang der Vollendung der vielen. Aller? Wir haben Grund, das Gott zuzutrauen.

Und die Erbschuld? *„Ihr seid“*, so im Ersten Petrusbrief, *„von der von den Vätern ererbten sinnlosen Lebensweise befreit worden“* (1 Petr

1,18). Daß sich Lebensmuster kulturell, ja vielleicht sogar genetisch vererben, wird von der Wissenschaft nicht ausgeschlossen. Kinder Geschiedener werden häufiger geschieden als andere. Haß zwischen den ethnischen Volksgruppen im zerfallenen Jugoslawien wird sich über Generationen fortsetzen. Innerhalb von Gruppen entwickelt sich ein Klima, dem das einzelne Mitglied kaum entrinnen kann, weder im guten noch im bösen. Sinnlose Lebensweisen werden vererbt. Auch jene „Schuld", in die der Mensch tief verstrickt ist? Sollten Momente einer solchen „ererbten sinnlosen Lebensweise" der Hang unserer Kultur sein: vor verantworteter Freiheit zu flüchten, aus tiefen Ängsten selbstbezogen unsolidarisch zu leben, das Leben als letzte Gelegenheit zu betrachten, und all das, weil uns tragisch-schuldhafterweise kulturell der Himmel verschlossen ist?

Und könnte es nicht im Gegensatz dazu für uns gut sein, wenn es zur ererbten sinnlosen Lebensweise eine befreiende Alternative gäbe? Könnte es gar jene Lebenstradition sein, für die Jesus von Nazareth steht: unter offenem Himmel, in tiefer Solidarität mit den Leidbelasteten, und das aus einer verdichteten Freiheit (die den Namen Gehorsam verdient), die sich keiner Macht beugt, auch nicht angesichts des Todes?

Und wäre es nicht gut, es lebten Menschen in der Nachfolge des Nazareners miteinander in seiner Art, aus einer tiefen mystischen Verwobenheit mit ihm dazu frei gemacht, ermächtigt (1 Joh 2,6)? Sollte man nicht vor allem ein Netzwerk vieler solcher Nachfolgegemeinschaften „Kirche“ nennen?

Gemeinschaft mit den Toten

Noch eine Variation der tiefen Verwobenheit allen Lebens ist die von den Religionen geglaubte Gemeinschaft der Lebenden mit den Toten. Die katholische Liturgie beispielsweise weiß um eine „Gemeinschaft der Heiligen“. Sie hält es für möglich, für die Toten zu beten. Erhofft wird auch die Fürbitte der Heiligen. Diese Verbundenheit der Lebenden mit den Toten ist daher nicht nur ein Hirngespinst esoterischer Exoten. Vielmehr drückt sie Ahnungen und Erfahrungen vieler aus. Menschen erleben sich mit anderen über Raum und Zeit hin verbunden. Und das schon in dieser Weltzeit, offenkundig aber auch über die Grenze des Todes hinaus. Im Zweiten Weltkrieg wußten Angehörige davon zu berichten, daß sie den weit entfernten Tod des Partners, des Sohnes miterlitten. Aber auch die Grenze des Todes ist nicht undurchlässig. Erzählt wird von Erlebnissen mit „armen Seelen“. Vorahnungen soll es da und dort gegeben haben. Offenbar ist der Mensch lediglich mit der Oberfläche seines Bewußtseins an Raum und Zeit gebunden. Mit den Wurzeln seiner Seele hingegen nimmt er da nicht teil an einem tiefen, großen Lebensstrom, der die Grenzen von Raum und Zeit, damit Leben hier und Leben in einer anderen Welt, nicht kennt? Noch mehr: Ohne eine pantheistische Weltsicht zu vertreten, der grüne Esoterik zuzuneigen scheint, ist auch, so lehren wiederum alle Religionen, die Grenze zwischen dem Geschöpf und seinem Schöpfer nicht undurchlässig. Gott ist uns innerlicher als wir uns selbst, so sinngemäß der Kirchenlehrer Augustinus. *In ihm leben wir, bewegen wir uns und sind wir,* bekennt der Schreiber über die Frühzeit der Kirche (Apg 17,28). Und von dem einen von uns, der nach Lehre der Christen nicht im Tod blieb, sondern auferweckt wurde, der hingerichtete Jesus von Nazareth, berichten die heiligen Schriften der Christen, daß er sich seinen Jüngern „gezeigt" hat: sehen machte, im griechischen Urtext. „Gott mit uns", das ist nicht nur der frivole Satz auf den Gürteln deutscher Wehrmachtsoldaten. Es ist der Kernsatz im Selbstverständnis des Volkes Israel und der Kirche. „Immanuel", das heißt Gott mit uns, ist daher der Name Christi wie die Kurzformel seiner Kirche.

Solche Beispiele, die alle für sich genommen noch weit mehr bedacht werden müßten, als es geschah, leben von der Ahnung davon, daß es im Grund nur eine einzige Wirklichkeit gibt. Wir sitzen alle in einem Boot.

Wer unserem Denkweg bisher folgen konnte,

wird auch zustimmen, daß solches Sein unser Handeln von innen her formt und fordert. Sitzen wir alle in einem Boot, dann ist die Abgrenzungsformel „Das Boot ist voll“ absurd. Denn jede und jeder ist einer von uns. Universelle Solidarität, die nicht allein den Menschen umfaßt, entspricht der tiefen Einheit der ganzen Schöpfung. Eine innere Dynamik zu umfassendem Frieden und zur Versöhnung geht von dieser Einheit aus. Zugänglich wird auch das Selbstverständnis, das sich die katholische Kirche auf dem Zweiten Vatikanischen Konzil ins spirituelle Stammbuch geschrieben hat. Es lebt aus dem Wissen um die tiefe Einheit der Menschen mit Gott und daher untereinander. Ihre Aufgabe sieht die Kirche darin, mit all ihren Möglichkeiten diese umfassende Einheit sichtbar zu machen und voranzutreiben. Weil nur ein Gott ist, ist jeder einer, ist jede eine von uns.

Wie sehr muß dann aber die Spaltung der einen Christenheit behindern, was sie bewirken will. Man beginnt zu verstehen, daß der derzeit regierende Papst Johannes Paul II. es für den Abend seiner Amtszeit und damit für den Übergang ins dritte Jahrtausend zum Hauptanliegen gemacht hat, die destruktive Spaltung der christlichen Kirchen zu überwinden. Nur ein Weltkonzil aller christlichen Kirchen wird uns weiterbringen. Es sollte möglichst bald stattfinden. Am besten um die Wende zum nächsten Jahrtausend.

Heute Gott auf die Spur zu kommen ist also keine einfache Angelegenheit. Das seichte Gottesgeschwätz, die euphorisch-hymnische Gottesrede scheiden dabei aus. Gott selbst scheint sich verborgen zu haben, versunken in einem Meer von Leid, verstellt von einem riesigen Berg von Mißbrauch durch seine „Vertreter“, kompromittiert durch seine Anhänger. Gegen den ständigen Widerruf Gottes in unserem Handeln kommt keine Wortflut auf. Gott müßte getan statt beredet werden. Er müßte aufleuchten in unseren Taten (Rolf Zerfaß).

Aber haben allein wir ihn verschüttet? Sind es unsere Sünden, schon jene der ersten Christengenerationen, die ihn davon abhalten zu kommen und sich sehen zu lassen? Kann er sich nicht durchsetzen? Überläßt er seine Schöpfung sich selbst? Die Frommen Israels machten Gott selbst haftbar dafür, daß er sich durchsetzt in seiner Welt. Ein dramatisches Zusammenspiel also zwischen unserem verständlichen Versagen und dem unverständlichen Fernbleiben Gottes? Sollten wir ihn herbeischreien? Herbeibeten? Herbeisehnen?

Wie immer: Es ist auf die Dauer für den Menschen nicht gut, zu leben ohne Gott. Es ist gewiß kein „Beweis“ dafür, daß Gott lebt, weil wir ihn brauchen. Doch kann gesagt werden: Gut wäre es für uns, könnten wir „im Schutz Gottes“ leben.

Das würde den Menschen als „gottbezogen“ definieren und allen Unterwerfungen entziehen: unter menschliche Macht, unter unmenschliches Kapital. Wenn wir den Menschen auf Gott hin beziehen und von Gott her begreifen, dann wächst ein Damm gegen seine drohende Banalisierung allein als Kaufkraft, Arbeitskraft, als berechenbare Nummer und gentechnisch steuerbares Objekt. Der Mensch, wenn er weiß, wer er in Wahrheit ist, wird sich keiner dieser Gewalten beugen. Allein vor Gott beugt das Knie. Man fängt an zu ahnen, welch enorme politische Kraft die Anhänglichkeit eines Menschen an Gott haben kann. Und versteht, warum totalitäre (aber auch josephinische) Systeme die Religion nicht primär deshalb bekämpfen, weil sie atheistisch sind, sondern weil ihnen die Religion die Macht über den Menschen entzieht.

Eine Variation all dessen ist die derzeitige Auseinandersetzung um den Sonntag. Die Sonntagsruhe ist eine grandiose Errungenschaft menschlicher Kulturgeschichte. Gemeinsame Unterbrechung der Arbeit findet statt. Christen fangen mit dieser Nichtarbeit sogar den Zyklus der Woche an. Auch das bestimmt den Menschen. Spiel und Liturgie, das Zweckfreie, die Gemeinschaft und die Anbetung, das Empfangen und dankbare Loben, so die Botschaft der kollektiven Unterbrechung der Arbeit, machen den Menschen aus. Für Arbeit bleibt dann immer noch genug Zeit.

Heute gibt es Bestrebungen, diese gemeinsame Unterbrechung zu beenden. Die kapitalintensiven Maschinen, die Sicherung des Wirtschaftsstandorts würden danach verlangen. Solcher Druck ist aus ökonomischer Perspektive verständlich. Eine florierende Wirtschaft hat unersetzliche Bedeutung für die Menschlichkeit. Doch behält die Wirtschaft diese Bedeutung nur, wenn sie nicht zeitgleich mit der verdienstlichen Versorgung ausreichender Güter den Menschen und mit ihm das überlebenswichtige Humanvermögen beschädigt: die Familie, noch mehr das, was er in seinem tiefsten Wesen ist. So wenig es zulässig ist, den Menschen totalitären Systemen zu unterwerfen, so wenig darf er auch dem toten Kapital untergeordnet und damit entwertet werden.

Das Einstehen der Christen für den Sonntag erfolgt daher nicht aus der Sorge um Gott, sondern aus Besorgnis um den Menschen. Seine wahre Größe steht auf dem Spiel. Wenn der Mensch gottbezogen ist, dann ist das Höchste, wozu er fähig ist, Gott zu erkennen und zu lieben. Kontemplation gehört zu seinem Wesen wie wortkarge Anbetung: im Haus Gottes zu weilen, Gott zu erleben als bergenden Schutzmantelgott, als Dach über der Seele, das auch im Tod nicht einstürzt. Ein solcher Mensch fängt an, ein Mystiker zu sein: Gottsucher, Geheimnisbewohner.

Ein Geheimnis liegt unter den Dingen, das of-

fenbart sich nicht in der allgemeinen Mitteilsamkeit, zu der wir uns anschicken Tag für Tag.

Sagbar ist so wenig, sagbar ist vielleicht das Alltägliche, nicht aber das Geheimnis und all das, was uns selbstverständlich erscheint: daß ich wieder erwache, ich meinen Weg gehe, beschwerlich oder leicht, daß es dich und mich gibt und die gefährdete, schöne Welt.

Sagbar ist vielleicht das Alltägliche, das Geheimnis aber entzieht sich immer der allgemeinen Mitteilsamkeit. Es spricht eine andere Sprache und ist hörbar nur für das empfindsame Ohr. Das empfindsame Ohr läßt die Zerredung nicht zu, es wehrt sich gegen die Meinung der Leute, es wehrt sich gegen das Dahingesagte. Es leistet Widerstand und ist bereit zu lauschen auf das Unhörbare, unser ungestilltes Verlangen nach dem anderen Leben, das wir einander nicht sagen inmitten der Geräusche und des Geredes, das wir nicht wagen. Zum anderen Leben jedoch ruft uns eine Stimme, die geht durch unseren Tag, geht mitten durch alles hindurch, und sie spricht vom verborgenen Reich, in dem wir frei sind und es nicht mehr nötig haben, einander zu mißtrauen und zu zerstören, weil wir uns eingebunden wissen in die heilige Ordnung.

Eines Morgens werden wir den Anrufungen der anderen Stimme folgen mit jeder Gebärde, mit jedem Schritt, mit jedem Wort; und unsere Zeit wird erfüllt sein von Zauber und Zukunft: wir werden einander neu begegnen – unmittelbar und staunend; unsere Arbeit wird wundertätig sein, sie wird im Dienste der Güte geschehen. Von Zeit zu Zeit werden wir innehalten im Geheimnis mit einer inwendigen Freude, und wir werden lauschen und es hören an jedem Ort: das Unsagbare, das Unhörbare, von dem Ingeborg Bachmann sagt: „Das Unsägliche geht leise gesagt übers Land."

Ines Knoll
Gedanken für den Tag
24. 6. 1996, ORF-Ö1

Epilog

Mozart und die Philharmoniker

Ich bin Wiener. Musik zu lieben habe ich im Blut. Von Kindesbeinen an habe ich jede Woche bis in den Schlaf hinein jener Kammermusik gelauscht, die mein Vater mit seinen Freunden Woche um Woche gespielt hat, Bartók, Schostakowitsch, weniger Bach, dafür aber Mozart. So wurde Mozart auch zu einem meiner Lieblingskomponisten. Wenn ich heute Mozart pur hören will, geh' ich in ein Konzert der Wiener Philharmoniker. Sie spielen ihn so gut, daß alles außer Mozart zurücktritt. Es ist Musik, die meine Seele berührt und bewegt.

Nun weiß mein Kopf, daß die Philharmoniker bislang in ihr Ensemble keine Frauen als Vollmitglieder aufnehmen. Ich höre von Querelen im Ensemble. Mir gefällt das alles nicht. Aber es hindert mich auch nicht, hinzugehen und die Konzerte der Philharmoniker zu hören.

Wer ahnt nicht die heilige List dieser Geschichte? Auch die Kirche ist ein Ensemble, in dem vieles nicht stimmt. Es ist nicht angemessen, welche Stellung Frauen zukommt. Auch passen mir nicht die oft undurchsichtigen Entscheidungsprozeduren. Des weiteren stört mich auch die moralische Qualität mancher Kirchenführer – übrigens weniger in Sachen Zölibat, sondern weit mehr im Umgang mit Macht und Geld. Das Ensemble ist in hohem Maße reformbedürftig. Und die Zeit drängt.

Freilich, bei aller notwendigen Ensemblereform mag ich nicht vergessen, daß ich dennoch in der Kirche den „Mozart" suche. Was ich, und wie ich mit Sicherheit weiß, was viele in der Kirche hören wollen, ist, wie ein alter Kirchenvater, Clemens aus der Hafenstadt Alexandria, schreibt, das „Lied des Lachens, der Hoffnung und der Auferstehung". Der liebende Spielmann Christus-Orpheus läßt es auf seiner Lyra – sie, die Kirche, ist sein Instrument! – für seine geliebte Eurydike-Menschheit erklingen. „Mozart" in der Kirche läßt mich begehren, Gotteserfahrung aus erster Hand zu machen. Allein sie wird mich befreien von jenen Ängsten, die mich daran hindern, frei und solidarisch zu leben.

Und sosehr ich die Ensemblereform auch in der Kirche wünsche und fordere: Ich wäre bitter enttäuscht und ginge auf die Kirchenbarrikaden, wenn „Mozart" nicht mehr erklänge.

Kirchenbarrikaden klingt nun bestimmt ein wenig martialisch. Zugleich fordert dieses Wort auf, sich über den Stil der Kirchenkritik Gedanken zu machen. Das heute gängige Argument lautet: Es gibt in der Kirche viele Mißstände. Verursacht sind diese durch persönliches Versagen, durch Doppelmoral. Oder, wie die Leute so bildreich sagen: Sie predigen Wasser und trinken Wein. Dazu kommen strukturelle Mängel, zumeist illiberale Vormodernitäten, wie patriarchale Strukturen, autokratische Machtstile, leibfeindliche Sexualnormen. Solche Mängel im Ensemble hinderten aber die Kirche daran, „Mozart“ zu spielen. Religionslehrende klagen, sie hätten so viel mit dem Kirchenmüll und seiner psychischen Entsorgung im Kopf der Lernenden zu tun, daß für das Evangelium kaum noch Zeit sei.

Nun soll einmal die Frage offenbleiben, ob es sich mehr um die Kirchenleiden der Lernenden oder doch der gutbezahlten Lehrenden handelt. Wer kann das schon trennen? Doch ist auch nicht zu bestreiten, daß sich die Kirche heute – was ihre zentrale Aufgabe betrifft – ziemlich stark selbst behindert und im Weg steht. Es wäre bestimmt für die Arbeit der Funktionäre besser, gäbe es weniger Ensembleprobleme.

Das hängt auch damit zusammen, daß in unserer Zeit infolge der Schwächung von Institutionen und Amt die Glaubwürdigkeit der Personen immer wichtiger wird, die an der Spitze der Institution stehen. So leben beispielsweise die Karikaturen der letzten 15 Jahre in den österreichischen Tageszeitungen zum Thema von vier Personen (G.+K.+E.+K.) und einem Inhalt (Sexualität). Solche Einsichten in die empirische Ekklesiologie könnten künftig bei der Frage hilfreich sein, wer an die Spitze einer Diözese gebeten wird. Die Akzeptanz von Führungskräften ist in nachinstitutionellen Zeiten der Personalisierung ein wichtiges soziales Gut. Mit ihm nicht zu wirtschaften ist fahrlässig.

Aus solchen Überlegungen folgt sicher nicht, daß nur die Personen Bischöfe werden sollen, die eine Einheit des kleinsten gemeinsamen Nenners schaffen. Bestellt wird ja ein Bischof in sein Amt nicht nur, um in Erinnerung zu halten, daß sich die Kirche als Gemeinschaft religiös Bedürftiger nicht selbst erfindet, sondern ihr innerstes Wesen Gottes Handeln am Menschen ohne Verdienst, aus Gnade also, ist. Das ist ihr „Mozart". Dieses Handeln Gottes in Jesus Christus sinnenhaft zu repräsentieren ist Mitte jeglichen Amtes in der Kirche. Mit dieser gewaltlos-symbolischen Aufgabe stehen eher undankbare Verpflichtungen unlösbar in Verbindung. Ein Bischof muß von Amts wegen sicherstellen, daß die ihm anvertraute „Portion Kirche" („portio ecclesiae", Kirchenrecht 1983, Kanon 369) in der

Spur des Evangeliums und im Verbund mit den anderen „Kirchenportionen" (Ortskirchen) bleibt. Die Bischofsweihe macht diese Aufgabe dadurch sichtbar, daß dem neuen Bischof das Evangelium aufs Haupt gelegt wird und mehrere Bischöfe die Weihe vollziehen.

Einheit zu wahren ist seine Grundberufung: Das kann im Notfall auch Widerstand bedeuten, im denkbaren Extremfall gegen die Mehrheit. Wenn sich beispielsweise eine satte Ortskirche ausländerfeindlichen Neigungen hingäbe, nicht mehr *Aug und Ohr* (Ex 3,7) wäre für die Leidenden, wenn eine Ortskirche fromm, aber diakonievergessen wäre: dann müßte ein Bischof mit aller Autorität des ihm aufgelasteten Amtes widerstehen.

Aber selbst dieses widerständige Amt der Einheit kann ein Bischof nie einsam ausüben. Neben seinem persönlichen Charisma braucht jedes Amt die Gemeinschaft der Kollegen und die tragende Mitwirkung der Betroffenen. Amt, so die hohe Theologie, läßt sich nur personal, kollegial und synodal ausüben. Entfällt eine der drei Dimensionen, verliert das Amt seine Kraft. Und das in Kirchenzeiten, in denen der Amtsbedarf wegen der inneren Kirchendynamik groß ist wie schon lange nicht.

Ist das alles gesagt, fehlt immer noch ein Wort zur Amtsentlastung. Manche meinen ja, daß das Versagen der Amtsträger der Kirche ihre Aufgabe, von Gott zu reden und ihn glaubhaft zu tun, unmöglich macht. Auch wird gesagt, daß erst nach den fälligen Reformen vormoderner Strukturen das Evangelium glaubhaft verkündigt werden könne. Kurz, die Handlungsfähigkeit der Kirche wird an die Qualität von Personen und Strukturen gebunden. Daher erst Reformen und dann die eigentliche Arbeit.

Das inzwischen vertraute Bild von Mozart und den Philharmonikern kann noch einmal weiterhelfen. Können die Philharmoniker wirklich erst dann Mozart pur spielen, wenn sie ihre Ensembleprobleme gelöst haben? Ein Blick in die Kirchengeschichte mag die Nachdenklichkeit verstärken. Es war in der Zeit der römischen Christenverfolgung, die von 303 bis 305 wütete. Viele hielten stand, darunter auch Amtsträger. Sie wurden eingekerkert, gefoltert, gemordet. Die Verfolgung produzierte Märtyrer. Ähnlich wie in der vierzigjährigen kommunistischen Verfolgung wurden aber andere zu „Friedenspriestern“. Sie machten Kompromisse, kollaborierten, rückten die Heiligen Bücher heraus. Als die Verfolgung vorüber war, entbrannte ein heftiger Streit über diese „Friedenspriester“. Können sie weiterhin ihr Amt ausüben und heilige Handlungen vollziehen? Braucht es dazu, so die Frage dahinter, nicht die unkompromittierte Person? Den „Reinen“ also, den „Vollkommenen“?

Die Kirche löste damals diesen tiefen Konflikt exemplarisch für alle Zeiten. Sie schuf gleichsam einen verbindlichen Präzedenzfall. Auch kompromittierte Amtsträger bleiben amtsfähig. Denn nicht sie handeln, sondern Christus in ihnen. Er aber bindet sich – wohl auch um der „Empfänger" willen – nicht an die „Würdigkeit" des Spenders.

Diese als „Donatistenstreit" in die Geschichte eingegangene Auseinandersetzung mag überraschen und erleichtern. Natürlich ist ihr Ausgang kein Freibrief für das Versagen von Amtsträgern oder für das Beibehalten reformbedürftiger Strukturen. Die Erfahrungen, welche die Orthodoxie mit ihren Starzen und die alle Kirchen mit ihren „Heiligen" machen, belegt, wie „Würdige" den Zugang zum Glauben erleichtern und so im buchstäblichen Sinn dieses Wortes „glaub-würdig" sind. Zugleich verliert aber das gewalttätige Argument seinen Boden, daß die Kirche erst dann dem Evangelium dienen kann, wenn sie wunschgerecht reformiert ist und moralisch astreine Personen sie vertreten. In meiner eigenen Lebensgeschichte habe ich von jenen Seelsorgern, die auch Versagen, Schuld und Sünde kennen, viel geschenkt bekommen. Ich wußte, daß ihnen die Schattenseiten des Glaubens nicht fremd sind. Der „verwundete Arzt" gilt gerade deshalb als besonders einfühlsam und verständnisvoll. Natürlich wird hier nicht für die Falschspieler plädiert. Doppelmoral, die anderen das Gute predigt und selbst anders lebt, ist in jedem Fall evangeliumsschädlich. Aber selbst in diesem delikaten Fall rät Jesus den kleinen Leuten, sie sollten sich nicht an den schlechten Taten, sondern den guten Worten orientieren: *„Tut und befolgt also alles, was sie euch sagen, aber richtet euch nicht nach dem, was sie tun; denn sie reden nur, tun selbst aber nicht, was sie sagen“* (Mt 23,3).

Wer also in der Kirche Reformen begehrt – und das geschieht gerade heute zu Recht –, möge bedenken, daß Gottes Handeln von seiner Kirche und ihren Vertretern nicht aufgehalten werden kann. Und die vielen, welche die Kirche um des „Mozarts“ willen suchen, werden zwar die Mängel des Kirchenensembles beklagen: Aber sollen sie sich davon abhängig machen – am Ende zu ihrem eigenen Schaden? Der Jünger Antwort auf die Frage Jesu: *„Wollt auch ihr gehen?“*, kann nicht auch sie uns freier machen in unseren Leiden an den vielen Schwächen der christlichen Kirchen: *„Herr, zu wem sollen wir gehen? Du hast Worte des ewigen Lebens“* (Joh 6,68).

Karneval

Eine nur vermeintlich nebensächliche Kleinigkeit soll dieses Buch beschließen. Ich wage die These, daß eines der befreiendsten Bilder, die auf dem Boden insbesondere der christkatholischen Tradition gewachsen sind, das des Karnevals ist.

Vom Wort her erweist das Bild sich eher als lustfeindlich. „Carne vale“, Abschied vom Fleisch und seiner Lust. Auftakt zur Fastenzeit, Zeit der Askese und Abstinenz.

Doch ist das lediglich die rituelle Vorderseite des Karnevals. Sein Wesen sitzt tiefer. Denn der Karneval ist auch ein Protest gegen das Bestehende. Gegen die Verhältnisse. Jene der Macht und die der Liebe. In den Inszenierungen des Karnevals werden denn auch in ernsthaftem Spiel und spielerischem Ernst die vorfindbaren Verhältnisse auf den Kopf gestellt. Die stets ausufernde Kraft der Liebe wird kurzzeitig nicht mehr an das vergängliche Haus der Ehe gebunden. Die Machthaber werden zu Untertanen und die Kleinen groß. Närrisch und verrückt nennen wir diese Zeit.

Natürlich kann man all das als Warnung an die Mächtigen und Erfolgreichen auffassen, nicht überheblich zu werden und ihres Endes zu gedenken: ein Ritual, das die katholische Tradition am Beginn der Fastenzeit ja auch ausdrücklich begeht. Die Botschaft ist aber noch dramatischer. Die Verhältnisse, die jetzt bestehen, sind ein Tribut an unsere begrenzte Weltzeit. Sie sind zudem nur eine mögliche Variante unter mehreren. Die Macht könnte auch jemand anderer haben. Die vorfindbare Herrschaftsform ist nicht zwingend. Ich könnte meine Liebe auch einem anderen schenken. Und Armut wie Reichtum und damit die Verteilung der Lebenschancen müssen keineswegs so sein und damit so bleiben, wie sie sind. Der Karneval deckt auf, daß die Verhältnisse nicht so sein müssen, wie sie sind. Die Alternativen werden erinnert. Närrisch und verrückt. Weise Machthaber wußten davon. Sie haben sich Hofnarren gehalten.

Hatten nicht auch die Propheten im alten Israel eine ähnliche Aufgabe? Ja ist es nicht geradezu eine der wichtigsten Aufgaben der Kirche, karnevalesk närrisch zu sein? Vom Fest der Narren schrieb vor Jahren der amerikanische Theologe Harvey Cox. Und darüber, daß im Himmel nicht mehr geheiratet wird, weiß Jesus auch so nebenbei zu berichten (Mt 22,22–33). Ehe also als Tribut für den Schutz der Gemeinschaft vor der zutiefst chaotisch-unzähmbaren und revolutionären Kraft der Liebe? Bezogen auf jetzt, was gut lateinisch „relativ“ heißt? Warum aber, so läßt sich weiterfragen, nehmen wir dann alle diese vergänglichen Ordnungen so ernst? Warum halten wir jeden, der es in einer ohnedies vergänglichen Lebensform nicht (mehr) aushält, immer gleich für einen, der, eine, die versagt, scheitert? Vergeht nicht nur ein wenig früher, was ohnedies vergänglich ist? Die Ehe, ein zölibatäres Amt?

Ich höre schon den Einspruch der Moralhüter und der Angstbesetzten. Aber ich fühle zugleich ein Aufatmen bei vielen. Und vor allem: Der Humor bekommt wieder sein Recht und mit ihm Gelassenheit und schmunzelnde Freiheit. Ordnungen sind gewiß gut, aber nicht das Letzte im Leben. Sie existieren nicht um ihrer selbst willen, sondern fürs Leben. Jesus hatte solchen Humor. Ausgerechnet am Sabbat, an dem mit schärfsten Ordnungen geschützten Tag, tut er das Verbotene. Er verschafft durch Krankheit gedrosseltem Leben den Durchbruch. Und liefert gleich wieder die Relativierung des heiligsten Gesetzes mit: *Der Sabbat ist für den Menschen da, nicht der Mensch für den Sabbat* (Mk 2,27).

Der alten Kirchentradition war solch schlitzohriges Denken nie abhanden gekommen. Die Moral, so streng sie war und so zwanghaft sie geregelt wurde: Selbst vor dem Konzil lernte ich bei einem lebenserfahrenen Schultheologen, daß ich als Seelsorger in der Beichte immer dann von den Regelungen entbunden sei, wenn für den Beichtenden ein „großer Schaden" („damnum grave") drohe. Leider haben sich die christlichen Kirchen in den nachreformatorischen Zeiten dazu hergegeben, profane Ordnungen, Fleiß und Gehorsam, bürgerliche Tugenden also, zu fördern und zu sichern. Die Zeit wird kommen, da werden sich die Kirchen wieder daran erinnern, daß sie ein großer, von Gott inszenierter Karneval sind. Die Welt wird eben nicht bleiben, wie sie ist, die alte. Eine neue wird sein, ver-rückt, gemessen am Alten, dafür aber gerechter und menschlicher. Die alte Theologie kennt dafür auch ein Fachwort. Vom „eschatologischen Vorbehalt“ ist die Rede. Am Ende („eschaton“ – die letzten Dinge) wird alles anders sein. Zwar wird bleiben, was jetzt schon grundgut ist. Aber die Kompromisse der Macht und der Liebe haben dann keinen Platz mehr: *ouk estin topos (da ist kein Ort:* Offb 21,1), so das letzte Buch der Bibel.

Ich verstehe, daß der humorvolle, ja geradezu karnevaleske Papst Johannes XXIII. sich selbst ermuntern konnte, sagend: Nimm dich nicht so wichtig. Es wäre ein guter Rat für die harten Moralwächter, aber ebenso für die Kirchenreform-Begehrer. Gott selbst hingegen stelle ich mir vor als einen, der angesichts von Auschwitz und Srebrenica weint. Über unsere kleinlichen Ordnungen aber lacht er. Steht nicht geschrieben: *Doch er, der im Himmel thront, lacht* (Psalm 2,4)?

Literatur

Zitierte Literatur:

Balthasar Hans Urs von: Was dürfen wir hoffen?, Einsiedeln 1986.

Berger Brigitte und *Peter L.:* In Verteidigung der bürgerlichen Familie, Frankfurt 1980.

Bleistein Roman: Die jungen Menschen und die alte Kirche, Freiburg 1972, 75.

Cox Harvey: Das Fest der Narren, Stuttgart 1969.

Drewermann Eugen: Strukturen des Bösen. Drei Bände, Paderborn 1971–1978.

Gronemeyer Marianne: Das Leben als letzte Gelegenheit. Sicherheitsbedürfnisse und Zeitknappheit, Darmstadt 1993.

Handke Peter: Wunschloses Unglück, Stuttgart 1972.

Hollstein Walter: „Machen Sie Platz, mein Herr." Teilen statt herrschen, Reinbek 1992.

Horx Matthias: Megatrends für die späten neunziger Jahre, Düsseldorf 1995.

Kaschnitz Marie Luise: Kein Zauberspruch, Insel Verlag, Frankfurt am Main 1972. Abdruck des Gedichtes „Ein Leben nach dem Tod" auf Seite 86 mit freundicher Genehmigung des Verlages.

Kübler-Ross Elisabeth: Interviews mit Sterbenden, Stuttgart 1974.

Moody Raymond: Leben nach dem Tod, Hamburg 1978.

Sölle Dorothee: Fliegen lernen. Gedichte, Berlin ^{3}1980, 21.

Stenger Hermann: Für eine Kirche, die sich sehen lassen kann, Innsbruck 1995.

Wieck Wilfried: Männer lassen lieben, Die Sucht nach der Frau, Stuttgart ^{15}1989.

Zerfaß Rolf: Wenn Gott aufleuchtet in unseren Taten, in: Zulehner Paul M., Das Gottesgerücht. Bausteine für eine Kirche der Zukunft, Düsseldorf 1987, 95–106.

Zulehner Paul M. und *Denz Hermann:* Vom Untertan zum Freiheitskünstler, Wien 1991.
Zulehner Paul M. und *Denz Hermann:* Wie Europa lebt und glaubt. Europäische Wertestudie, Düsseldorf 1993.

Weiterführende Literatur vom Autor:
Zulehner Paul M.: Denn Du kommst unserem Tun mit Deiner Gnade zuvor. Zur Theologie der Seelsorge heute. Paul M. Zulehner im Gespräch mit Karl Rahner, Düsseldorf 1986.
Zulehner Paul M.: Wider die Resignation in der Kirche. Aufruf zu kritischer Loyalität, Wien 1989.
Zulehner Paul M.: Pastoraltheologie: 1. Fundamentalpastoral, Düsseldorf 1989; 2. Gemeindepastoral, Düsseldorf 1989; 3. Übergänge, Düsseldorf 1990; 4. Pastorale Futurologie, Düsseldorf 1990.
Zulehner Paul M.: Ein Obdach der Seele, Düsseldorf 1994.
Kerkhofs Jan und *Zulehner Paul M.:* Europa ohne Priester? Düsseldorf 1995.
Zulehner Paul M. (Hg.): Kirchenvolks-Begehren. Kirche auf Reformkurs, Düsseldorf 1995.
Zulehner Paul M. u. a.: Solidarität. Option für die Modernisierungsverlierer, Innsbruck 1996.